AF186990

Emil von Marenzeller

Südjapanische Anneliden. I. Teil

Emil von Marenzeller

Südjapanische Anneliden. I. Teil

ISBN/EAN: 9783744643740

Hergestellt in Europa, USA, Kanada, Australien, Japan

Cover: Foto ©ninafisch / pixelio.de

Weitere Bücher finden Sie auf **www.hansebooks.com**

SÜDJAPANISCHE ANNELIDEN.

BEARBEITET VON

Dᴿ EMIL v. MARENZELLER.

I.

(AMPHINOMEA, APHRODITEA, LYCORIDEA, PHYLLODOCEA, HESIONEA, SYLLIDEA, EUNICEA, GLYCEREA, STERNASPIDEA, CHAETOPTEREA, CIRRATULEA, AMPHICTENEA.)

Mit 6 Tafeln.

BESONDERS ABGEDRUCKT AUS DEM XLI. BANDE DER DENKSCHRIFTEN DER MATHEMATISCH-NATURWISSENSCHAFTLICHEN CLASSE DER KAISERLICHEN AKADEMIE DER WISSENSCHAFTEN.

WIEN.

AUS DER KAISERLICH-KÖNIGLICHEN HOF- UND STAATSDRUCKEREI.

IN COMMISSION BEI KARL GEROLD'S SOHN.

BUCHHÄNDLER DER KAISERLICHEN AKADEMIE DER WISSENSCHAFTEN.

1879.

SÜDJAPANISCHE ANNELIDEN.

BEARBEITET VON

DR. EMIL v. MARENZELLER.

I.

(AMPHINOMEA, APHRODITEA, LYCORIDEA, PHYLLODOCEA, HESIONEA, SYLLIDEA, EUNICEA, GLYCEREA, STERNASPIDEA, CHAETOPTEREA, CIRRATULEA, AMPHICTENEA.)

(Mit 6 Tafeln.)

———

VORGELEGT IN DER SITZUNG DER MATHEMATISCH-NATURWISSENSCHAFTLICHEN CLASSE AM 19. JUNI 1879.

———

Die zoologische Literatur besitzt nur wenige Angaben über die Auffindung von Anneliden an den Küsten Japans. Auch die vorliegende Arbeit kann nicht beanspruchen, diese Lücke auszufüllen, sie versucht nur künftigen Forschungen die Bahn zu eröffnen. Das Material fand sich theils in einer grossen Sammlung wirbelloser Thiere, welche Herr Dr. Richard Ritter von Drasche-Wartinberg auf seiner geologischen Reise um die Erde in den Jahren 1875 und 1876 durch seinen Reisebegleiter Herrn Dr. Carl Koerbl anlegen liess und dem k. k. zoologischen Hofcabinete zum Geschenke machte, theils wurde es von einem anderen Österreicher, Herrn Dr. A. v. Roretz, der seit Jahren in Japan weilt, acquirirt. Dr. Koerbl sammelte an der Ostküste der Insel Eno-sima bei Yokohama und an einem südlicher gelegenen Punkte, in der Bai von Miya, unweit Nagoya in der Strandzone bis zu Tiefen von 20 Metern. Herr Dr. A. v. Roretz hielt sich gleichfalls in Yokohama und an mehreren Punkten der Inseln Kiuschiu und Shikoku auf, leider fehlten aber meist bei den einzelnen Objecten nähere Angaben. Es gehören also die Anneliden, welche ich hier sämmtlich mit Ausnahme der *Terebella-*, *Sabella*, *Myxicola-* und *Serpula-*Arten in diesem vorliegendem I. Theile bearbeitete, Süd-Japan an und hier wieder nur der Ostküste; der westlichste Punkt ist Nagasaki.

Unter den dreissig Arten, welche ich hier anführe, sind 24 neu. Die sechs übrigen waren bereits aus anderen Meeren bekannt, so *Lysidice collaris* Ehrenb. Gr. aus dem rothen Meere und von den Philippinen, *Pectinaria aegyptia* Sav. von Suez, *Polynoë (Harmothoë) imbricata* L., *Nereis pelagica* L., *Nereis Dumerilii* Aud. et M. Edw., *Nereis diversicolor* O. F. Müller aus den europäischen Meeren. Weniger als die grosse Zahl der neuen Arten wird auffallen, dass ich für die Identität von vier Arten mit europäischen Formen eintrete. Ich halte aber letztere fest, weil ich die feinen Fäden, welche zwischen den japanischen und den durch zahlreiche vortreffliche Beschreibungen und durch reiches Vergleichsmaterial der Museen leicht zugänglichen europäischen Arten bestehen, nicht zerreissen will, indem ich Abweichungen, die ich gewissenhaft auseinandergesetzt zu haben glaube, ein allzu schweres Gewicht beilege. Es liegt auch kein Widerspruch in der

1

Aufstellung zahlreicher neuer Arten und in dem Festhalten an der Zusammengehörigkeit in einzelnen Punkten divergirender Formen; denn man wird zu ersterem Schritte oft nur durch die aphoristischen Diagnosen früherer Autoren und die Unmöglichkeit einer Nachuntersuchung gedrängt und ferner darf nicht vergessen werden, dass Anneliden nie zu den Dingen gehörten, welche den Sammeleifer von Nichtfachmännern anzuregen im Stande waren. Es steht also immer von vorneherein zu erwarten, dass, wenn ein neues Faunengebiet aufgeschlossen wird, noch unbekannte Formen erscheinen.

Welche Schlüsse aus dem von mir untersuchten südjapanischen Materiale auf den Gesammtcharakter der Annelidenfauna Japan's gezogen werden können, will ich mir bis zur Vollendung des zweiten Theiles auseinanderzusetzen vorbehalten. Für jetzt soll nur angedeutet werden, dass sie den an anderen Thierclassen gemachten Beobachtungen, die Fauna Japans sei ein Gemenge specifischer, tropischer und nordischer Formen nicht entgegenstehen.

Fam. AMPHINOMEA Sav.

Euphrosyne superba n. sp.

Taf. I, Fig. 1.

Körper aus 48 Segmenten zusammengesetzt, 60^{mm} lang, in der Mitte 23^{mm} breit, nach hinten mehr als nach vorne verjüngt. Die Borsten und sogenannten Kiemen [1] lassen am Rücken nur einen 3^{mm} breiten Raum frei. In den Vorderrand der Segmente schiebt sich dorsal ein abgerundet dreieckiges, mit der Spitze nach hinten gekehrtes Stück ein. Die Rückenfläche der Segmente ist fein gerunzelt, und eine seichte Längslinie theilt sie in zwei Hälften.

Die Carunkel 4^{mm} lang, wahrscheinlich in Folge der starken Contraction des Thieres zweimal gefaltet, stellt einen kaum 2^{mm} hohen schmalen Kamm dar. Sie endet mit ihrer Basis am Hinterrande des fünften Segmentes, ragt jedoch mit ihrem freien abgerundeten Ende noch weit in das sechste hinein. Der Cirrus vor der Carunkel ist cylindrisch, von dem Durchmesser der Rückencirren, vor dem Ende plötzlich in einen fadenförmigen Fortsatz ausgezogen. Er überragt nur um Weniges die Carunkel. Unmittelbar an seiner Basis jederseits ein rundlicher Pigmentfleck — die Augen. Zur Seite der Carunkel bemerkt man die sechs Rückencirren der sechs ersten Segmente. Wie bei den anderen Arten biegt sich auch hier ein schmaler, wenig erhabener Lappen auf die Bauchfläche um und endet abgerundet vor der sogenannten Oberlippe. In geringer Entfernung vor dem abgerundeten Ende stehen zwei dreieckige Augenpunkte und jederseits hievon ein kleines Fühlerchen. (Fig. 1.)

Die die Mundöffnung nach vorne begrenzenden fleischigen Platten (Oberlippe der Auctoren) sind nicht ganz 4^{mm} lang und zusammengenommen auch nicht so breit. Der vordere Rand ist abgestutzt, der äussere und hintere abgerundet, der innere gerade. Vier Segmente legen sich an den äusseren Rand an. Die Mundöffnung wird nach hinten von einem gewulsteten Saume begrenzt, an dessen Bildung sich das fünfte und zum Theile auch sechste Segment betheiligen.

Die Rückencirren stehen vor der ersten und zwischen der dritten und vierten sogenannten Kieme hart an der Borstenreihe. Sie sind beiläufig von derselben Länge als diese.

Acht reichverzweigte, als Kiemen gedeutete Rückenanhänge auf jeder Segmenthälfte, welche etwas kürzer sind als die Borsten. Die äusserste (achte) Kieme steht nie mehr hinter der Borstenreihe, manchmal auch nicht die siebente. Die Kiemen entspringen mit kurzem, dickem Stamme, theilen sich dann sehr bald oder der Basis in 3–5 oder noch mehr kurze Äste, welche sich abermals verzweigen. Die Zweigchen gehen in verhältnissmässig lange, ziemlich gleichbreite an den Spitzen nie verdickte Fäden aus, die, dicht neben einander stehend und wenig an Länge differirend, den Kiemen das Ansehen eines dichten Pinsels geben.

---

[1] Claparède setzt bei Betrachtung der Euphrosyne des Mittelmeeres (*E. Audouini* G. Costa) mit Recht Zweifel in die Natur dieser Organe als Kiemen. Annél. Chétop. du Golfe de Naples. Mém. de la Soc. de Phys. et d'Hist. nat. de Genève. Bd. XIX, p. 420.

Die Kiemenreihe reicht also, wie erwähnt, weiter nach aussen als die Borstenreihe. Hinter der achten Kieme, etwa da, wo sie ihren Ursprung nimmt, tritt nahe dem hinteren Raude des Segmentes aus einer 3″″ langen, von oben nach unten, aber etwas schief nach vorne verlaufenden Spalte ein dichtes Borstenbündel aus, und hinter diesem steht beiläufig im unteren Viertel der Bauchcirrus. Dieses Borstenbündel gehört ebensowohl dem Rücken als dem Bauche an, es nimmt die Seitenkante des Körpers ein. Während also die Borsten des Rückens vor der Kiemenreihe stehen, ist dieses seitliche Borstenbündel hinter dieselbe gerückt.

Die Borsten (Fig. 1 *A a, b*) sind zweierlei Art. Bei den einen (*a*) ist die längere Zacke geschwungen, etwas mehr als zweimal so lang wie die kurze und so wie diese am inneren Rande gesägt, bei den anderen (*b*) ist die längere Zacke gerade, fast viermal so lang als die kurze, der Innenrand beider Zacken glatt. In der dorsalen Borstenreihe finden sich beide Arten, in dem seitlichen Borstenbündel tritt nur die zweite Form auf.

Am letzten Segmente zwei, gegen 2″″ lange und 1·5″″ breite, lappige Aftercirren.

Durch ihre stattliche Gestalt, die Zahl der Segmente, den breiten Borstenbesatz des Rückens, die Länge der Carunkel, die grosse bis zum fünften Leibesring reichende Oberlippe ist unsere Art mit *E. polybranchia* Schmarda[1] nahe verwandt. Indessen lässt sich nicht die Identität mit voller Gewissheit constatiren. Man müsste annehmen, dass die von Schmarda angegebene Zahl der Kiemen (12) nicht wesentlich sei, und dass der Bauchcirrus als Rückencirrus aufgefasst, der mittlere Rückencirrus jedoch ganz übersehen wurde, da Schmarda angibt, der zweite Rückencirrus stünde an der Basis der letzten Kieme, und ein Bauchcirrus unerwähnt bleibt. Die Borsten der *E. polybranchia* erscheinen glattrandig.

Gesammelt von Dr. A. v. Roretz.

Fam. APHRODITEA Sav.

Aphrodite japonica n. sp.

Taf. 1, Fig. 2.

Ein Exemplar war 71″″ lang, mit den Rudern 26″″ breit und zählte 40 rudertragende Segmente; ein zweites 47″″ lang, 21″″ breit, mit 37 Segmenten. Das grosse Exemplar stark seitlich comprimirt, daher der Rücken hoch (18″″), das kleinere flacher (8″″ hoch).

Die Aspection von oben ergab bei dem älteren und jüngeren Individuum ein verschiedenes Verhalten. Bei dem ersteren bedeckte ein dichter, dunkelgrauer Filz den ganzen Rücken, an der Seite übergehend in die Bündel feiner Capillarborsten mit kupferfarbenem Metallglanze. Nur bei genauer Untersuchung konnte man die fast ganz von diesem Filze umwobenen Enden der starken Borsten der Rückenköcher entdecken. An dem kleineren Exemplare waren der Filz dünner, die metallisch glänzenden Capillarborsten spärlicher, hingegen bildeten die weichen, von aussen der Mittellinie zugekrümmten hellbräunlichen und schwach metallisch glänzenden starken Borsten des weit vorragenden Rückenköchers deutliche Reihen. Diese Borsten werden demnach erst bei grösserer Entwicklung des Rückenfilzes zum grössten Theil von diesem umschlossen oder sie mögen bei zunehmendem Alter an ihren Enden verletzt und abgenutzt werden.

Die Rückenfläche des Leibes ist sehr fein granulirt, die Seitenflächen der oberen Borstenköcher jedoch sind mit sehr scharfen, relativ grossen Spitzchen besetzt; die bräunliche Haut der unteren Borstenköcher sowie der Bauchfläche feinwarzig.

Der Kopflappen (Fig. 2) abgerundet, nach hinten verschmälert, fast so breit als lang. Die Augen kaum über die Oberfläche des Kopflappens sich erhebend, in dessen erstem Drittel, näher dem Vorderrande als dem Seitenrande; die vorderen Augen grösser als die hinteren. Der Stirnkamm warzig, dorsal breiter, an der Bauchseite (Fig. 2 *A*) zusammengedrückt. Der Fühler mit dem deutlichen kurzen, nach oben etwas verdickten Wurzelgliede um Weniges länger als der Kopflappen. Die Unterfühler mehr als 4½ mal so lang als der Kopf-

[1] Neue wirbellose Thiere. II. Hälfte, Leipzig 1861, p. 136, Taf. XXXIII, Fig. 264—287.

lappen. Sie sind mit, nur bei starker Vergrösserung bemerkbaren, borstenartigen Tastpapillen besetzt. Die Fühlercirren 2^1_2 mal kürzer als die Unterfühler, nicht ganz zweimal so lang als der Kopflappen, der ventrale wenig kürzer als der dorsale.

Die Farbe der den Rückenfilz und die seitlichen Bündel zusammensetzenden Capillarborsten ist eingangs erwähnt. Der Rückenfilz ist viel dunkler als bei *A. aculeata* L., der Metallglanz der lateralen Bündel röthlich und nicht grün. Die starken, den Rückenfilz durchdringenden Borsten des oberen Köchers sind weich, dunkler bräunlich an der Basis, heller gelb an der Spitze mit schwachem Bronzeglanze, etwas nach vorne gekrümmt, fächerartig angeordnet. Die Enden der am weitesten nach innen gerückten Borsten der einen Seite kreuzen sich in der Mittellinie mit jenen der anderen. Die an der Spitze gekrümmten Borsten des Bauchköchers (Fig. 2 *B*) stehen bei den grossen Exemplaren in der obersten Reihe zu zwei, in der mittleren zu vier fünf oder auch sechs, in der untersten zu 10—13. An dem kleineren Exemplare ist ihre Zahl in der mittleren Reihe auf drei, in der unteren auf sechs reducirt. Diese stachelartigen Borsten sowohl des Bauch- als Rückenköchers sind heller und viel schwächer als bei *A. aculeata* L.

Die Bauchcirren nicht alle gleich lang, ungefärbt an der Basis, sodann bräunlich und meist mit einer schwarzbraunen Binde vor dem Ende, welches die mittlere Borstenreihe des Bauchköchers etwas überragt. Der Bauchcirrus des zweiten rudertragenden Segmentes (Buccalcirrus) ist wie gewöhnlich etwas länger als die folgenden. (Fig. 2 *A*.)

Die Rückencirren, von stark vorspringender Basis entspringend, sind sehr lang, 2^1_2 mal länger als der Bauchköcher ohne Borsten.

Die Elytren derb, in Gestalt jenen der *A. aculeata* L. ähnlich, in ihrer hinteren Hälfte durch russartige Auflagerungen mehr minder dunkelbraun gefärbt. Auch hier, besonders nahe dem äusseren und hinteren Rande der Elytren, spärlich auf deren Fläche, kurze, stumpfe Papillchen. Die Elytren decken sich in der Mittellinie.

Gesammelt von Dr. A. v. Roretz.

Polynoë (Lepidonotus) gymnonotus n. sp.

Taf. I, Fig. 3.

Der kräftig gebaute Körper dieser ansehnlichen Form ist bei einer Länge von 40ᵐᵐ sammt den Borsten 19ᵐᵐ breit, bei 35ᵐᵐ Länge 15ᵐᵐ breit. Der Rücken gewölbt 5—7ᵐᵐ hoch. 25 rudertragende Segmente. Die Farbe des Rückens, der fast seiner ganzen Länge nach in der Mittellinie nackt zu Tage liegt, ist bläulich-grau mit zwei bis drei, dicht aneinander liegenden röthlichen Querstreifen am Hinterrande der Segmente, die der Bauchseite heller, mehr gelblich.

Der Kopflappen leicht irisirend, gewölbt, in der Mittellinie von einer nicht bis zum Hinterrande verlaufenden Furche ausgehöhlt. Die Fortsätze, welche die paarigen Stirnfühler tragen, sind, von dem Einschnitte des Kopflappens, dem der unpaare Stirnfühler aufsitzt, an gemessen, kaum ein Drittel so lang als der Kopflappen, also kurz. Die Seitenränder in einem abgerundeten Winkel vorspringend. Denkt man sich eine Linie von dem vorderen Rande der Träger der paarigen Stirnfühler zum Hinterrande des Kopflappens gezogen, so liegt diese Ausbuchtung hinter deren vorderen Hälfte. Sie wird von den vorderen, grösseren und mehr ovalen Augen eingenommen. In einer Entfernung, welche nicht ganz zweimal den Durchmesser des vorderen Auges beträgt, liegen, jedoch mehr nach innen gerückt, die hinteren, kleineren, rundlichen Augen. Sie sind vom Hinterrande des Kopflappens noch so weit entfernt als von den vorderen Augen.

Sämmtliche Anhänge des Kopflappens wie die Fühler- und Rückencirren sind vollkommen glatt.

Der unpaare Stirnfühler nicht ganz zweimal so lang als der Kopflappen, die paarigen kürzer, etwa 1^1_2 mal so lang als dieser. Alle drei sind cylindrisch, hellbraun und vor dem fadenförmigen, weisslichen Ende kaum merklich angeschwollen. Die gleichfalls bräunlichen Unterfühler sind konisch, zugespitzt und waren an dem einen Exemplare bis dreimal länger als der Kopflappen. An dem anderen, grösseren Exemplare waren alle Theile mehr contrahirt; die paarigen Stirnfühler etwas mehr als so lang, der unpaare $1\frac{1}{2}$mal so lang, die Unterfühler nicht ganz zweimal so lang als der Kopflappen.

Von den Fühlercirren ist der dorsale länger als die paarigen Stirnfühler, jedoch nicht so lang als der unpaare, der ventrale nur wenig kürzer. Gestalt und Färbung wie bei jenen.

Die Segmente sind (auf der Bauchseite gemessen) in der Mitte des Körpers mehr wie viermal so breit als lang.

Die Länge der Ruder beträgt, die Borsten eingerechnet, an gleicher Stelle zwei Drittel der Breite der Segmente.

Die Rückencirren überragen nur um Weniges das Borstenbündel des unteren Ruderastes. Sie sind nicht ganz cylindrisch, da sie an der Basis breiter sind als im Verlaufe, vor dem fadenförmigen Ende unmerklich angeschwollen und hier durch einen bräunlichen Ring ausgezeichnet, sonst farblos.

Die Elytren (Fig. 3), zwölf jederseits, an gewöhnlicher Stelle stehend, sehr fest haftend. Auf das letzte Paar folgen noch drei rudertragende Segmente und das Aftersegment. An dem kleineren Exemplare berührten sich die drei ersten Elytren noch in der Mittellinie, an dem grösseren war dies nur bei den zwei ersten der Fall. Sie überdecken sich noch ein wenig mit ihren Hinterrändern, lassen aber eine breite Fläche in der Mitte des Rückens frei. Der Aussenrand reicht bis zur Basis des ventralen Borstenbündels. Die ersten Elytren haben eine nierenförmige Gestalt, die folgenden waren abgerundet-eckig mit grösserem Breitendurchmesser. Die grössten waren 8^{mm} breit und 6^{mm} lang.

Der bedeckte Vorderrand der Elytre ist weiss, ebenso ist die Ansatzstelle an das Ruder durch einen weissen, ovalen, nach innen von einem mehr röthlichbraunen Halbmond begrenzten Fleck ausgezeichnet. Das Übrige ist verwaschen heller oder dunkler umbrabraun gefärbt, und zwar die mediale Partie dunkler als die laterale. An dem grösseren Exemplare war die Färbung, namentlich der vorderen Elytren, durchgehends tiefer, auch der halbmondförmige Grenzsaum des weissen Centrums weniger hell.

Der Rand der Elytre ist vollkommen glatt. Bei mikroskopischer Untersuchung der Oberfläche bemerkt man sehr kleine, nur 0.012^{mm} hohe, konische Papillchen. Sie finden sich jedoch ausschliesslich in der hellen Zone des Vorderrandes und, immer spärlicher werdend, in einem kleinen Grenzbezirke des pigmentirten Antheiles. An diesem beobachtet man eine feine, bräunliche, netzartige Zeichnung mit hellen Maschen.

Die Borsten des oberen Ruderastes sind zart, in ihrer hinteren Hälfte fast um die Hälfte schmäler als die des unteren Astes, wenig zahlreich (circa 15) und nicht so weit vorragend als diese. Sie reichen beiläufig an zwei Drittel deren Länge heran. Ausser längeren, sehr fein ausgezogenen, mehr geraden und feiner gedornten Borsten (Fig. 3 *A a*), sehe ich noch eine zweite Form, welche nur halb so lang, mehr geschwungen und gröber gedornt ist (Fig. 3 *A b*). Bei beiden ist die Spitze stumpf.

Die Borsten des unteren Astes (Fig. 3 *A c*) treten in zwei getrennten Antheilen aus. Das obere etwas mehr nach hinten gerückte Bündel zählt nur etwa 16 Borsten, das untere beiläufig dreimal so viel. Die Schneide der in beiden Bündeln gleichgeformten Borsten ist in grosser Ausdehnung mit Dörnchenreihen besetzt. Man kann 21 solcher Vorsprünge zählen. Die unmittelbar unter der kräftigen gekrümmten Spitze folgende Reihe ist grobdornig. Die Farbe der Borsten ist schön honiggelb. Sowohl in den oberen als unteren Ast dringt eine Acicula ein. Die untere steht zwischen dem oberen und unteren Borstenbündel des Astes.

Der erste Bauchcirrus hat noch die Gestalt und nahezu die Länge des ventralen Fühlercirrus. Er sitzt auch einem stark entwickelten Träger auf. Die folgenden sind konisch, fein zugespitzt mit einem mehr minder deutlichen braunen Bande in der Mitte und überhaupt bräunlich angehaucht. Sie erreichen kaum das Ende des Unterrandes des Ruders. Medial vom Bauchcirrus findet sich an der Basis des siebenten bis letzten Ruders eine ziemlich ansehnliche von einem Canale durchzogene Papille.

Am Aftersegmente zwei Cirren von Gestalt und Länge der letzten Rückencirren.

Gesammelt von Dr. A. v. Roretz.

Polynoë (*Lepidonotus*) pleiolepis n. sp.

Taf. I, Fig. 4.

Körper 31^{mm} und 26^{mm} lang, in der Mitte (ohne Borsten) 5·5^{mm} und 4·5^{mm} breit, nur vorne und hinten etwas verschmälert. 30 rudertragende Segmente. Die Farbe des Körpers gegenwärtig graugelblich, auf dem Rücken der Segmente vier weissliche erhabene Streifen. Die Bauchfläche in der Mitte vertieft mit hellen Segmentgrenzen.

Der Kopflappen (Fig. 4) bis auf die schwärzlichen Träger der paarigen Stirnfühler farblos, mit einer medialen, seichten Längsfurche, so breit als lang (die vorderen Fortsätze eingerechnet), die Seitenränder etwas vorgewölbt. Die Träger der paarigen Stirnfühler wenig mehr als die Hälfte so lang wie der übrige Theil des Kopflappens, etwas kürzer als der doppelt so breite, massive Träger des unpaaren Stirnfühlers. Die vorderen grösseren Augen nehmen die Mitte des Seitenrandes ein, die kleinen hinteren liegen mehr am Hinterrande, weiter nach innen.

Der unpaare Stirnfühler etwas mehr als zweimal so lang wie der Kopflappen, gleich den paarigen an der Basis und an dem fadenförmigen Ende angeschwollen und ebenda schwärzlich gefärbt. Die paarigen Stirnfühler länger als der Kopflappen und länger als die Hälfte des unpaaren Stirnfühlers. Die dicken braunen Unterfühler dicht mit spitzen Papillen besetzt, in eine feine weissliche Spitze plötzlich endend, ragen nicht so weit vor als der unpaare Stirnfühler und sind doppelt so lang als der Kopflappen.

Von den Fühlercirren ist der dorsale länger als die paarigen Stirnfühler, doch kürzer als der unpaare. Ihre Gestalt und Färbung gleicht jener der Stirnfühler. Stirnfühler, Fühlercirren, sowie die Rückencirren vollkommen glatt.

Die Breite der Segmente (auf der Bauchseite gemessen) beträgt in der Mitte des Körpers das Vierfache der Länge.

Die Ruder (Fig. 4 *C*) sind mit den Borsten halb so lang als die Segmente breit, mit kürzerer, mehr konisch zulaufender Hinterlippe und einer längeren abgerundeten Vorderlippe. Die den Fühlercirren und Stirnfühlern gleichenden Rückencirren besitzen keine merkliche Anschwellung vor dem Ende und erreichen mit diesem die Spitze der Borsten des unteren Bündels. Sie sind an der Basis und in einiger Entfernung von dem Ende schwarz gefärbt.

Die fünfzehn Elytronpaare stehen am 2., 4., 5., 7., . . . 23., 25., 27., 29. Segmente. Auf das letzte Paar folgen noch zwei mit Rückencirren versehene rudertragende Segmente und das Aftersegment. Die Elytren (Fig. 4 *A*) bedecken den Rücken vollkommen und haften fest. Sie sind an den vorderen Segmenten mehr rundlich, dann oval, leicht nierenförmig; ihre Oberfläche erscheint körnig, und zwar die der drei ersten und zwei letzten auffallend stärker als die der übrigen. Der überdeckte Vorder- und Innenrand ist hell. Die Farbe des übrigen Theiles ist, bis auf die helle Ansatzstelle der Elytre an den Träger und einen grösseren nach innen von dieser liegenden weisslichen Fleck, grau mit zahlreichen kleinen dunkleren Fleckchen und einem intensiv schwarzen nach innen der weissen Ansatzstelle. Der Aussen- und Hinterrand mit zahlreichen langen Fadenpapillen besetzt. Die Papillen der Oberfläche bedürfen einer näheren Beschreibung. Es sind drei Formen vorhanden, alle mehr minder reichlich mit gröberen oder feineren stachligen Excrescenzen versehen. Die kleinste (Fig. 4 *B a*) ist konisch, so breit wie hoch mit einigen Dörnchen besetzt; sie findet sich an den wenig exponirten Stellen der Elytre. Die zweite (Fig. 4 *B b*) ist hoch, cylindrisch und trägt zahlreiche grössere Stacheln. Man findet sie vorzüglich am Hinterrande der Elytre (Fig. 4 *B c* stellt diese Form von oben gesehen bei 330facher Vergrösserung dar). Sie gehen allmälig in die dritte Form über. Diese erreicht eine sehr beträchtliche Grösse (Fig. 4 *B d*) und ist dicht mit sehr kleinen Dörnchen besetzt. Die Figuren 4 *B a*, *b*, *c* sind bei derselben Vergrösserung gezeichnet. Zwischen den Extremen *b* und *c* gibt es alle Übergänge. Die Färbung der Papillen ist eine gelbliche.

Die hellgelblichen Borsten des oberen Astes bis viermal schmäler als die des unteren Astes und nur halb so weit vorragend als diese. Neben etwa zwanzig langen, schmalen mehr geraden (Fig. 4 *D a*) gibt es auch einige kurze, breitere und gebogene wie bei der vorhergehenden Art (Fig. 3 *A b*). Die dunkelgelben Borsten des unteren Astes (Fig. 4 *D b*) zu 17 in einem Bündel, mit 8—10 Dörnchenreihen an der Schneide, unter welchen die obersten durch ihre Stärke sich hervorthun. Diese Borsten treten in zwei durch eine derbe braune Acicula getrennten Partien aus dem Ruder. Im oberen Aste gleichfalls eine, jedoch schwächere Acicula.

Der erste Bauchcirrus gleicht in Gestalt und Länge dem ventralen Fühlercirrus. Die folgenden, konisch zulaufend, erreichen nicht ganz das Ende des Unterrandes des Ruders. Sie sind ungefärbt. An der Basis der Ruder, deutlich vom achten an, eine kleine Papille.

Am Aftersegmente zwei Aftercirren von Gestalt und Färbung der Rückencirren, dieselben jedoch an Länge übertreffend.

Es ist dies der erste Fall, dass an einer in den Formenkreis der Gattung *Lepidonotus* gehörigen Art 15 Elytrenpaare auftreten.

Gefunden an der Ostküste der Insel Eno-sima (Dr. Koerbl).

Polynoë (? Laenilla) lamellifera n. sp.

Taf. I, Fig. 5.

Das eine Exemplar, dem die acht letzten Segmente fehlten, 19^{mm} lang, in der Mitte 3^{mm} breit (Ruder und Borsten eingerechnet, etwas über 9^{mm}), das zweite vollständige, wenn auch in zwei Theile zerfallene, mass 20^{mm} in der Länge, doch schienen die sechs letzten Segmente reproducirt, und bestand aus 36 rudertragenden Segmenten. Die Breite war nahezu dieselbe wie bei dem anderen Individuum. Am Hinterrande aller Segmente, unmittelbar wo das Ruder abgeht, bemerkt man eine kleine halbkreisförmige Lamelle jederseits. Sie sitzt nach innen und hinten von der kleinen Bauchpapille und legt sich noch etwas über den Anfang des nächsten Segmentes. Die Färbung des Körpers ist gegenwärtig röthlichgrau, auf dem Rücken der Segmente zwei weissliche Linien, welche gegen die Ruder zu etwas stärker werden und punktirt aussehen.

Der Kopflappen (Fig. 5) abgerundet sechseckig, stark gewölbt, durch eine mediane Furche getheilt, kaum breiter als lang. Die Vorderecken abgerundet, wenig vorspringend. Der Vorderrand tief eingeschnitten zur Aufnahme des unpaaren Trägers des Stirnfühlers. Die hintere Hälfte des Seitenrandes und der Hinterrand eingebuchtet. Die vorderen grösseren Augen vor der Mitte des Seitenrandes, die hinteren kleineren in einiger Entfernung vom Hinterrande.

Der unpaare Stirnfühler nahezu dreimal so lang wie der Kopflappen, fein zugespitzt, in seiner hinteren Hälfte schwärzlich angeraucht, mit cylindrischen am Ende abgerundeten Papillen dicht besetzt. Die paarigen Stirnfühler so lang wie der Kopflappen, im Übrigen dem unpaaren gleichend.

Die Unterfühler des einen Exemplares drei und einhalbmal so lang als der Kopflappen, die des anderen kürzer, breit, alle übrigen Anhänge des Kopflappens und des Buccalsegmentes überragend. Sie sind mit Ausnahme des Endes bräunlich, schwärzlich gesprenkelt und tragen gleichfalls Papillen, die sich von jenen der Stirnfühler dadurch unterscheiden, dass sie schmäler und kürzer sind; auch treten sie minder zahlreich auf.

Von den Fühlercirren der dorsale so lang wie der unpaare Stirnfühler, der ventrale etwas kürzer, gleichfalls allmälig zugespitzt, in der hinteren Hälfte dunkler und mit Papillen besetzt. Aus ihrem Träger ragen (1 oder 2?) Borsten hervor, über deren Form ich nichts sagen kann, da die Spitzen abgebrochen waren.

Die Breite der Segmente (auf der Bauchseite gemessen) beträgt in der Mitte des Körpers das Vierfache der Länge. Die Ruder mit ihren Borsten sind länger als die Segmente breit.

Die Ruder (Fig. 5 *B*) sind etwas länger als die Hälfte der Segment Breite. Der gut ausgebildete obere Ast geht an seinem Unterrande in einen fingerförmigen Fortsatz aus, in den die obere Acicula eindringt. Der untere Ast hat einen ähnlichen längeren Fortsatz am oberen Rande, welcher das Ende der unteren Stütznadel aufnimmt. Am Rücken des cirrustragenden Ruders bemerkt man nach innen von dem Träger des Cirrus, entsprechend den Trägern der Elytren an den anderen Rudern einen Höcker.

Die Rückencirren fehlen fast durchaus. Die wenigen erhaltenen waren nahezu farblos, mit Papillen besetzt und überragten die Enden der unteren Borsten.

Die Elytren (Fig. 5 *A*), 15 an der Zahl, werden von den Rudern des 2., 4., 5., 7., . . . 23., 26., 29., 32. Segmentes getragen. Sie waren meist abgefallen. Die zwei vordersten scheinen klein, mehr kreisrund zu sein, die übrigen sind etwas in die Breite gezogen, doch nähert sich ihre Gestalt nie auffallend der ovalen. Sie werden vermöge ihrer Grösse den Rücken vollkommen decken und nur die letzten Segmente dürften nackt bleiben. Sie sind zart und ziemlich durchsichtig. Mit freiem Auge erscheint ihre hintere und äussere Hälfte hell bräunlich und mit grossen birnförmigen dunkleren Papillen besetzt. Die Elytren verdanken ihre Färbung bräunlichen Auflagerungen, sowohl auf die Fläche selbst, wie auf die oben erwähnten grossen Papillen. Bei Anwendung von Vergrösserungen sieht man auf der Elytre zahlreiche kleine, einfach konische Papillen; diese werden in der Richtung von vorne nach hinten mehr minder constant durch diese braune Substanz unter einander verbunden, und es entsteht auf diese Weise eine ziemlich bestimmte radiäre Streifung. Die grossen Papillen sitzen mit sehr schmaler Basis auf. Neben den breiten, ausgesprochen birnförmigen finden sich auch einige wenige ebenso lange aber viel schmälere. Der Aussen- und Hinterrand aller Elytren ist mit ziemlich langen fadenförmigen Papillen versehen.

Die Borsten des oberen Ruderastes (Fig. 5 *Ca*) bilden ein sehr starkes Bündel. Sie sind bis doppelt so breit als die Borsten des unteren Astes, sehr rauhdornig, nicht fein zugespitzt und durch bräunliche Auflagerungen dunkler gefärbt als jene. Die Borsten des unteren Astes, etwa 40 an der Zahl, sind zart, hell und ragen fast noch einmal soweit vor als die Borsten des oberen Astes. Es lassen sich vier verschiedene Formen unterscheiden. Ober der Acicula liegen 8—10 schmale und mit viel mehr und weiter hinauf gehenden Dornenreihen als die übrigen besetzte Borsten, die in eine einfache, nahezu gerade Spitze ausgehen (Fig. 5 *Cb*). Figur 5 *Cc* stellt eine solche Borste in Rückenlage dar. Die zweite Form (Fig. 5 *Cd*) mit zweizähniger Spitze ist etwas breiter, mehr geschwungen und mit weniger Dörnchenreihen besetzt, welche auch schon in einiger Entfernung vom Ende aufhören. Die Spitze ist leicht gekrümmt, unter ihr steht ein gerade nach vorne gerichteter Dorn. Nicht immer sind jedoch diese Verhältnisse so ausgeprägt: die Spitze kann weniger gekrümmt, der darunter stehende Dorn abgebrochen oder überhaupt nur gering entwickelt sein. Man muss demnach sagen: neben Borsten mit zweizähniger, gibt es auch solche mit undeutlich zweizähniger Endspitze. Die zweite Form erreicht die grösste Länge und macht die Hauptmasse des Bündels aus. Unter ihr folgt die dritte Form (Fig. 5 *Ce*). Sie ist viel kürzer als die vorhergehende, weist weniger Dörnchenreihen auf und hat eine kräftige, einfache, gekrümmte Spitze ohne Andeutung eines Dornes vor derselben. Von dieser wie der vierten Form finden sich in einem Bündel je vier oder fünf. Die letzte (Fig. 5 *Cf*) nimmt die unterste Lage ein, ist sehr kurz und durch die fein zulaufende einfache Spitze auffallend.

Der zugespitzte Baucheirrus überragt etwas den Unterrand des Ruders. Die unansehnliche Bauchpapille wird erst vom siebenten Segmente an deutlich.

Auf das letzte elytrentragende Segment (32) folgen noch fünf, Ruder mit Rückencirren tragende, Segmente und das Aftersegment. Die Aftercirren fehlten.

Gefunden an der Ostküste der Insel Eno-sima (Dr. Koerbl).

Durch das Vorhandensein der kleinen halbkreisförmigen Lamelle an der Bauchfläche der Segmente gleicht diese Art der *P. bohotensis* Grube (*Annulata Semperiana*, 1878, S. 41, Taf. III, Fig. 4). Die Elytren dieser Art haben jedoch eine andere Färbung und tragen anders gebaute Papillen; auch werden die Borsten des unteren Astes als durchaus zweizähnig angegeben.

In der Form der grossen Papillen erinnert auch an unsere Art die ebenda (S. 35, Taf. III, Fig. 5) beschriebene *P. ampullifera* Gr., die aber nur Borsten mit einfacher Endspitze besitzt. Nach der Form der Borsten würde vorliegende Art in die Gattung *Lacnilla* Mgrn. einzureihen sein; doch verlangt die Gattungsdiagnose Malmgren's, dass die Elytren glatt seien und ungefranste Ränder besitzen. Ich kann sie demnach nur mit einem Fragezeichen als *Laenilla* bezeichnen. Von zwei exotischen Arten, welche Grube jüngst[1] zu *Laenilla* stellt, hat die eine, *L. mollis* M. noch Borsten, die sich jenen der *Laenilla glabra* Mgrn. nähern und ungefranste Elytren, die zweite, *P. vesiculosa* Gr., leicht gefranste Elytren, deren Structur viel Ähnlichkeit mit unserer Art besitzen muss, aber weniger charakteristische Borsten.

Polynoë (Harmothoë) imbricata L.

Taf. II, Fig. 1.

Malmgren A. J., Nordiska Hafs-Annulater. Ofvers. af K. Vetensk. Akad. Förh. 1865, p. 66.

Die Unterschiede, welche ich zwischen mehreren kleinen Exemplaren einer *Polynoë*-Art und der bekannten *P. (Harmothoë) imbricata* L. (= *P. cirrata* O. F. Müll.) fand, konnten mich nicht bestimmen, eine eigene Art anzunehmen. Sie ergeben sich eigentlich nur bei einer sehr genauen Prüfung der Borsten. Die übrigen Verhältnisse zeigten bei einem Vergleiche mit englischen Exemplaren nicht mehr Eigenartiges als an Individuen der *H. imbricata*, die von verschiedenen Punkten der europäisch-atlantischen Küsten stammen, zu Tage tritt.

Harmothoë imbricata L. wird auch für Sitcha und das ochotzkische Meer angeführt.[2]

Die Exemplare waren klein, das grösste mass 20ᵐᵐ in der Länge. Zahl der Segmente, Färbung wie bei *H. imbricata*. Der Kopflappen (Fig. 1) und die Stirnfühler von gleicher Form; das vordere Augenpaar gleichfalls von oben nicht sichtbar. Die Unterfühler meist stark contrahirt und wohl daher verhältnissmässig kürzer. Die Elytren (Fig. 1 *B*) grau marmorirt mit einem grösseren weissen Flecke, welcher der Ansatzstelle an das Ruder entspricht und einem kleineren, nach innen von jenem durch eine Anhäufung schwarzen Pigmentes getrennt. Die Oberfläche der Elytren ist mit den gleichen, sehr niedrigen, konischen, ihr äusserer Rand mit spärlichen fadenförmigen Papillen besetzt, wie bei *H. imbricata*; nur waren die letzteren etwas länger als an den von mir verglichenen englischen Exemplaren. Über die Form der Ruder (Fig. 1 *A*) selbst lässt sich nichts Bemerkenswerthes vorbringen, das nicht auch auf die *Harmothoë imbricata* Anwendung finden könnte. Die Bauchpapille schien mir etwas kürzer.

Die Borsten nahezu gleich grosser Individuen sind zarter bei der japanischen *Harmothoë* als bei *H. imbricata*. Die des oberen Bündels überragen mit ihren Spitzen die Hälfte der Borsten des unteren Astes, sind daher etwas länger als bei *H. imbricata*. Ihre Dörnchen sind unmerklich feiner und beginnen etwas näher der Spitze als bei letzterer. Beträchtlicher unterscheiden sich die Borsten des unteren Astes (Fig. 1 *C*) von denen der *H. imbricata* dadurch, dass sie viel zahlreichere und etwas auseinander gerücktere Dörnchenreihen haben, dass diese in geringerer Entfernung von der Spitze beginnen und die Dörnchen selbst feiner sind. Zu oberst in dem Bündel finden sich immer einige schlanke Borsten, welche über 30 Dörnchenreihen haben, während die entsprechenden bei *H. imbricata* etwas über 20 zeigen. Borsten, welche die Mitte des Bündels einnehmen, zeigen bei der japanischen *Harmothoë* 23, bei der *H. imbricata* 17 Dörnchenreihen. Zu unterst im Bündel kommen immer einige kleine Borsten vor, welche nur eine Andeutung des unter der Spitze stehenden Dornes zeigen, somit ganz undeutlich zweizähnig sind. Dieselbe Erscheinung findet sich übrigens auch bei *H. imbricata*. (Man vergleiche die sehr treuen Abbildungen der Borsten der *H. imbricata* bei Mac Intosh, On British Annelida. Transact. of the zoolog. Soc. of London. Vol. IX, part. VII, S. 381, Pl. LXVIII, Fig. 9 und 11).

Vier Exemplare von der Ostküste der Insel Eno-sima (Dr. Koerbl).

---

[1] Annelidenausbeute von S. M. S. Gazelle. Monatsber. d. k. preuss. Akad. 1877, p. 513 u. 514.
[2] Middendorf's Reise in die äussersten Norden und Osten Sibiriens. Bd. II, Zoolog. Th. 1. St. Petersburg 1851, p. 2.

Fam. LYCORIDEA Gr.

Nereis mictodonta n. sp.

Taf. II, Fig. 2.

Körper 50—65″″ lang, aus 95—104 Segmenten zusammengesetzt, vom Kopflappen bis etwa zum neunten Segmente an Breite zu- und von hier wieder abnehmend. Die grösste Breite, die Ruder eingerechnet, beträgt 3·5—5″″, hinter dieser Stelle 3—4″″. Über die Färbung ist nicht viel Charakteristisches zu sagen. Die ersten 15 Segmente sind etwas dunkler, bräunlich-grau gefärbt als die folgenden. Auffallend werden jedoch, schon in der Mitte des Leibes deutlich hervortretende und nach hinten immer tiefer gefärbte, dunkle Punkte auf dem Rücken der Ruder unter und etwas hinter der Ursprungsstelle des Rückencirrus. Diese anfangs bräunlich, dann tief schwarz gefärbten Hautdrüsen sind einfach oder doppelt, insonderlich im letzten Fünftel des Körpers sehr stark entwickelt. Ausserdem sehe ich auf der Bauchfläche nach innen vom Ursprunge des Ruders, höchstens auf den ersten 20 Segmenten weniger deutlich, einen lichtbraunen Flecken jederseits, gleichfalls durch Hautdrüsen erzeugt.

Der Kopflappen (Fig. 2) (an einem Exemplare mit eingestülptem Rüssel untersucht) länger als die beiden ersten Segmente, unbedeutend länger als breit, mit etwas konischem Vorderrande, dem die Fühler aufsitzen. Da die Seitenränder auf ihrem Verlaufe von vorne nach hinten bis zu der Stelle, wo das erste Augenpaar sitzt, gleichfalls in einem schwachen Winkel vorgezogen sind, so wird eine den Kopflappen der Quere nach halbirende Linie ein unregelmässiges Heptagon mit concaven Seiten und breiter Basis geben. Die Fühler sind, durch die Spitze des Kopflappens von einander getrennt, nicht halb so lang als der Kopflappen. Die starken Unterfühler überragen dieselben etwas. Die Augen hart an die Seitenränder gerückt, die vorderen etwas weiter auseinander als die hinteren. Lichtbrechende Körper der vorderen Augen nach vorne und aussen, der hinteren nach hinten und aussen gerichtet.

Das erste Segment fast ein und einhalbmal so lang als das zweite. Von den beiden oberen Fühlercirren reicht der hintere bis zum siebenten, einmal auch ins achte Segment, der vordere bis ins dritte Segment. Der untere ist etwa dreimal kürzer als der obere.

Das zweite bis sechste Segment kürzer als die folgenden. Diese beiläufig 4—5 Mal so breit als lang. Die zwei ersten Ruder sind unvollständig, einästig (Fig. 2 C, 2). Das obere und untere Züngelchen sind stärker entwickelt als an den weiter nach hinten gelegenen Rudern, länger, breiter, abgerundet; zwischen beiden ein kurzer Ruderast, welcher dem unteren Aste der anderen Ruder entspricht, mit einer einzigen dunklen Acicula. Auch Rücken- und Bauchcirrus sind kräftiger, unter sich nahezu gleich lang, der letztere absolut viel länger als z. B. der des 40. Segmentes. Das obere Züngelchen ragt etwas weiter vor als das untere. Die Vorderlippe ist länger als die Hinterlippe, konisch vorgezogen und breit abgerundet, der Mittellappen[1] ein eben so weit als die Vorderlippe vorspringender abgerundeter Fortsatz (Fig. 2 D). Sowohl das ober der Acicula, als das unterhalb derselben austretende Borstenbündel enthält gräten- und sichelförmige Borsten.

Der obere Ast des vollständigen Ruders[2] (Fig. 2 C, 40) ganz rudimentär. Die Borsten treten zwischen zwei die Stelle der Lippen vertretenden abgerundeten, sehr kurzen Vorsprüngen aus. Das mittlere Züngelchen

---

[1] Bei dieser Art, wie an vielen anderen lassen sich an dem unteren Ruderaste drei Lappen erkennen. Eine Vorderlippe, eine Hinterlippe und ein im oberen Theile mehr minder knopfförmig vorragender Lappen zwischen beiden, der Mittellappen. Er trennt dort die ober der Acicula austretenden Borsten in zwei Partien; die vordere liegt zwischen ihm und der Vorderlippe, die hintere zwischen ihm und der Hinterlippe (Fig. 2 D u. 2 E).

[2] In der Auffassung und Benennung der Ruderzipfel schliesse ich mich ganz Grube an. Sicht man von dem Bauchcirrus und den oberen Züngelchen mit dem Rückencirrus ab, so besteht das Ruder aus zwei über einander liegenden Ruderästen mit den Borstenbündeln und je einer Acicula. Der untere Ruderast ist vollkommener als der obere. Man kann eine vordere und hintere Lippe, manchmal auch einen mittleren Lappen, zwischen welchen die Borsten austreten, unterscheiden. Dem unteren Rande ist das sogenannte untere Züngelchen angewachsen. An dem oberen Ruderaste fehlen die Lippen, oder es ist nur eine ausgebildet; das Analogon des unteren Züngelchen ist jedoch stets vorhanden. Grube nennt es mit Recht

ist etwas kürzer als das ziemlich gleichgestaltete obere Züngelchen. Das untere Züngelchen ist etwas länger als der stumpfkonische untere Ast, ragt jedoch weniger vor als das obere und mittlere Züngelchen, ist auch schmächtiger als dieses. Die Hinterlippe des unteren Ruderastes ist kürzer als die abgerundete Vorderlippe, welche gleichmässig höher ist als an den unvollständigen ersten Rudern; der Mittellappen deutlich, aber etwas reducirt (Fig. 2 E). Der Rückencirrus überragt nur ganz wenig das obere Züngelchen. An den hintersten Rudern (Fig. 2 C, 80) sieht man das obere Züngelchen sich mehr von seiner Ursprungsstelle absetzen. Es ist an den vorletzten Rudern (Fig. 2 C, 93) nur ein kurzer stumpfer Fortsatz, der dann von dem Rückencirrus auch an Länge um das Doppelte übertroffen wird. Der Bauchcirrus erreicht durchschnittlich kaum die Spitze des unteren Züngelchen; an den allerletzten Rudern wird auch er etwas länger.

Borsten. Der obere Ast enthält gleichzinkige (homogomphe) Grätenborsten, der untere in dem ober der Acicula liegenden Bündel eben solche Grätenborsten und ungleichzinkige (heterogomphe) Sichelborsten (Fig. 2 F, b), in dem unteren Bündel einige wenige ungleichzinkige Grätenborsten (Fig. 2 F a) und zahlreiche ungleichzinkige Sichelborsten.

Das Aftersegment ist fast so lang als die drei letzten Segmente, aber nur halb so breit als das drittletzte, abgerundet. Indem sich die zwei letzten Segmente plötzlich verschmälern und hier das lange Aftersegment folgt, bekommt das Hinterende ein eigenthümliches Ansehen. Die beiden Aftercirren so lang als die letzten sechs oder sieben Segmente.

Die dorsale Fläche des Rüssels (Fig. 2) zeigt in dem oralen Abschnitte charakteristische laterale Gruppen (VI) von Paragnathen. Sie stehen auf einem niederen Hautkamme in einfacher Reihe, sind jedoch sehr verschiedenartig gebildet. Die Reihe (Fig. 2 B) beginnt median und endet lateral stets mit einem sehr in die Quere gezogenen abgeschnittenen Kieferstücke (*paragnathi transversi*). Dazwischen liegen viel schmälere, theils schwach abgerundete, theils konische Spitzchen. Die Zahl sämmtlicher Kieferspitzchen in einer Gruppe ist verschieden, 8—10. Die mediale Gruppe desselben Abschnittes (V) besteht constant aus drei konischen Spitzchen. In einem Falle näherte sich die laterale Gruppe VI so sehr der Mittellinie, dass die Paragnathen der Gruppe V nicht mehr in der Mitte, sondern nach hinten lagen. Die mediale Gruppe des maxillaren Abschnittes (I) besteht dorsal aus drei Spitzchen, nur in dem grössten, ältesten Exemplare war nicht mehr wie ein einziges vorhanden. Die Spitzchen der Gruppe I sind schwächer als jene der Gruppe V. Die laterale Gruppe (II) besteht aus schiefen, nach auswärts abnehmenden Haufen, in welchen die distalste Reihe die grössten Spitzchen aufweist. Die ventrale Fläche des Rüssels (Fig. 2 A) ist an dem oralen Antheile (VII, VIII) durch nicht ganz deutlich drei über einander liegende schüttere Reihen grosser Paragnathen ausgezeichnet; an dem maxillaren Abschnitte besteht der mediane Antheil (III) aus mehrfach hinter einander liegenden kurzen Querreihen, seitlich finden sich kleine isolirte Gruppen, der laterale (IV) aus dreieckigen dichten Haufen. Die dunklen Kiefer mit 5—6 stumpfen Zähnen unterhalb der glatten Spitze.

Diese Art könnte in der Gattung *Neanthes* Kbg. untergebracht werden, wenn sie nur konische Paragnathen allein besässe; aber diese Möglichkeit fällt durch das Vorhandensein von queren Paragnathen in der Gruppe VI weg. Ebenso wenig geht es an, sie irgend einer Gattung der Familie der *Aretidea* Kbg. (Paragnathen konisch und quergezogen) einzureihen.

Verwandte Arten sind *N. ventà* Sav., *brevicornis* Gr., *Quatrefagesi* Gr. u. a.

Gesammelt von Dr. A. v. Roretz.

mittleres Züngelchen. Ehlers l. c. p. 144 fasst es als Lippe des Ruderastes auf, eine Anschauung, die ich, abgesehen davon, dass dadurch dem oberen Ruderaste eine ganz andere Beschaffenheit vindicirt wird, als dem unteren, während beide sich doch leicht auf denselben Grundplan zurückführen lassen, auch deshalb als eine nicht glückliche bezeichnen muss, weil eine ähnlich reiche Vertheilung der Blutgefässe wie in der „Lippe" des oberen Ruderastes nur in dem oberen und unteren Züngelchen zu finden ist, während die Lippen des unteren Ruderastes relativ blutleer zu nennen sind, und nicht minder das Verhältniss zu den Borsten und der Acicula dagegen spricht.

Nereis (Alitta) oxypoda n. sp.

Taf. II, Fig. 3.

Zwei Exemplare, denen die letzten Segmente fehlten, lagen vor. Das eine mass 270″″ mit 170 Segmenten, das zweite 102″″ mit 104 Segmenten. Der Körper, namentlich vorne, hoch gewölbt, allmälig nach hinten verschmälert. Die Breite des Rückens ohne Ruder betrug an dem grossen Individuum im Buccalsegmente 10″″, in der Mitte des Leibes 6″″ (die Ruder mit ausgestreckten oberen Züngelchen inbegriffen 15″″) im 169. Segmente 2″″. Die Färbung des Rückens ist gegenwärtig leberbraun. Sie contrastirt stark mit den nur bräunlich angehauchten weisslichen, grossen, blattförmigen oberen Züngelchen. Der übrige Theil der Ruder und die Bauchfläche sind weiss.

Das grössere Thier hatte den Rüssel halb, das kleinere ganz vorgestreckt; über Form und Grösse des Kopflappens und Buccalsegmentes lassen sich desshalb ganz verlässliche Angaben nicht machen.

Der Kopflappen ist an der Basis, zwischen den Fühlercirren, breiter (4·5″″) als lang; er verschmälert sich (3″″) vor dem vorderen Augenpaare. Die Entfernung von dieser Stelle bis zum Stirnrande durchlaufen die Seitenränder an der hinteren Hälfte gerade und dann convergirend bis zur äusseren Seite der Stirnfühler. Der schmale (etwas über 1″″ breite) Stirnrand wird von den kurzen nahe aneinander stehenden, sich jedoch nicht berührenden Stirnfühlern eingenommen. Ein breiter brauner Streif, zwischen dem hinteren Augenpaare beginnend, zieht über die ganze Länge des Kopflappens zum Stirnrande. Die Stirnfühler sind fünfmal kürzer als der Kopflappen. Die Unterfühler überragen mit ihrem breiten Wurzelgliede, dem ein kleines knopfförmiges Endglied aufsitzt, die Stirnfühler. Die vorderen Augen stehen in beträchtlicher Entfernung von dem Seitenrande der Basis des Kopflappens und weiter auseinander als die nach innen gerückten, kurz vor dem Hinterrande sitzenden hinteren Augen. Die Entfernung zwischen vorderem und hinterem Auge mag zwei und einhalbmal den Durchmesser des hinteren Auges betragen.

Das Buccalsegment ist kaum ein und einhalbmal so lang als das folgende. Der obere Fühlercirrus des hinteren Paares reicht zurückgelegt bis in das vierte, der obere des vorderen Paares bis in das zweite Segment. Beide überragen, nach vorne gelegt, die Unterfühler und sind bräunlich gefärbt. Die weisslichen unteren Fühlercirren sind kaum halb so lang als die oberen.

Die vorderen Segmente des grossen Exemplares waren etwas aufgetrieben; im 30. Segmente betrug die Breite das Vierundeinhalbfache der Länge, im 80. das Doppelte. Das 270. Segment war so breit wie lang.

Die zwei ersten Ruder sind klein und unvollständig; sie bestehen aus oberen und unteren Züngelchen und einer Vorder- und Hinterlippe, welche jenen des unteren Astes der vorderen Ruder entsprechen. Die folgenden Ruder sind nach den Regionen des Leibes sehr verschieden. Die Veränderungen betreffen die Form des oberen Züngelchen, die Stellung und Länge des Rückencirrns und die Entfernung der beiden Ruderäste von einander. Das obere Züngelchen entwickelt sich erst allmälig zu der mächtigen Blattform, die in einem Einschnitte den Rückencirrus trägt (Fig. 3) und der Art ein so auffallendes Gepräge giebt. Bei beiden Exemplaren beginnt schon am 13. Ruder (Fig. 3, 13) nach innen von dem Rückencirrus ein fingerförmiger Fortsatz herauszuwachsen, der rasch an Grösse zunimmt. Der Rückencirrus, welcher bis zu dieser Stelle etwas nach innen von der Mitte des von der Ursprungsstelle des Ruders vom Körper bis zur Spitze des oberen Züngelchen gedachten Ruderrückens aufsass, nach aussen von einer ganz unbedeutenden Erhebung desselben, wird mit dem zunehmenden Wachsthume des unter ihm befindlichen Züngelchen und des eben erwähnten Fortsatzes immer mehr von seiner Basis emporgehoben. Dabei nimmt derselbe nicht nur relativ zur Länge des oberen Züngelchen, sondern auch absolut an Grösse ab; an den ersten Rudern überragte er beträchtlich die Hälfte des oberen Randes des Züngelchen. Die unter dem Cirrus liegende Partie des so kolossal vergrösserten Züngelchen, dass dessen Höhe die Höhe des übrigen Ruders übertrifft, bleibt immer lanzettlich zugespitzt, die ober dem Cirrus liegende abgerundet. Man kann die Senkrechte, welche von der Spitze des Züngelchen zu dessen Basis gezogen wird, als seine Höhe betrachten, da es aus einer wagrechten in eine immer aufrechtere Stellung übergeht. Die Breite gleicht anfangs der Höhe, dann nimmt sie jedoch ab, und zwar geschieht dies auf Kosten des ober dem Cirrus stehenden Theiles; zugleich wird der Einschnitt zwischen den beiden Lappen seichter. Die Gestalt nähert sich der unter Fig. 3.169 wiedergegebenen, wo die Längendimension überwiegt.

Weitere Veränderungen, soweit sichtbar, betrafen nur noch die Grösse, welche mit der Verschmälerung der Segmente und dem Kleinerwerden des ganzen Ruders Schritt hält. Zur Beurtheilung der Dimensionen des blattförmigen vergrösserten Züngelchen führe ich nur an, dass seine Höhe am 56. Segment nicht ganz die Hälfte der Breite der Segmente, in den Segmenteinschnitten gemessen, am 80. die ganze Breite und am 170. das Doppelte betrug. Die hintere Lippe des oberen Astes ist verkümmert, die vordere lanzettlich; hinter ihr tritt das obere Borstenbündel aus. Das mittlere Züngelchen eben so geformt und von gleicher Länge, nahe an die Vorderlippe herangerückt. Der untere Ast liegt bei den vorderen Rudern nahe an dem oberen; vom 40. Ruder etwa beginnt er aber immer mehr auseinanderzurücken. Die Lippen desselben, wie das untere Züngelchen sind derber als die des oberen Astes, nicht so lanzettlich zugespitzt und kürzer, unter sich ziemlich gleich lang. Das untere Züngelchen ist kräftiger gebaut als die Lippen. Die Vorderlippe ist nicht in ihrer ganzen Breite und Länge lanzettlich, da bald über der breiten Basis der Oberrand bis zur Spitze ausgeschnitten erscheint (Fig. 3.56). An den hintersten Rudern (Fig. 3.169) werden die Vorderlippe des oberen Astes und das mittlere Züngelchen sehr schmal, das letztere etwas länger als das erste; die zarten Lippen des Unterastes überragen das derbere untere Züngelchen. Der kleine zugespitzte Bauchcirrus ist immer kürzer als das untere Züngelchen; seine Spitze trifft dessen Unterrand beiläufig in der Mitte oder überragt diese etwas. Die Borsten sind bräunlich gefärbt, fein und zerbrechlich. Ich konnte trotz eifrigem Suchen keine Sichelborsten entdecken. Wo die Anhänge der gleichzinkigen Stäbe erhalten geblieben, fand ich Gräten, deren Schneide fein gezähnt und bewimpert waren (Fig. 3 .1). Die zwei Stützborsten waren schwarz.

Sämmtliche Gruppen der Kieferspitzchen sind vorhanden.

Die dorsale Fläche des Rüssels zeigt in dem oralen Abschnitte lateral (VI) je eine kreisförmige Anhäufung dunkler konischer Paragnathen, unter welchen einige durch ihre Grösse hervorragen, median (V) ein einziges blasses Spitzchen. Desgleichen findet sich in dem medianen Felde des maxillaren Abschnittes (I) nur ein Spitzchen. Die kurzen lateralen Gruppen (II) bestanden aus tiefbraunen Spitzen, welche nicht ganz drei Doppelreihen herstellten. Die Form dieser Gruppen, welche nach hinten divergirten, war nicht keil-, sondern bandförmig. An der ventralen Fläche des oralen Abschnittes (VII, VIII) kann man eine vorderste Reihe blasser, starker Paragnathen, die aber doch nicht die Grösse jener des maxillaren Antheiles erreichen, und in einiger Entfernung von dieser Reihe eine zweite mit spärlicheren, aber ebenso grossen Spitzchen als in der ersten Reihe unterscheiden. Hinter der zweiten Reihe bemerkt man noch vereinzelt gröbere Paragnathen, die aber kaum eine dritte Reihe herstellen, und zahlreichere kleine, welche sich in die Zwischenräume einschieben. In dem medianen Abschnitte (III) des maxillaren Theiles sehe ich eine Gruppe von etwa sechs Spitzchen und in dem lateralen (IV) bogenförmige Gruppen von etwa 17 Paragnathen mit der Convexität nach aussen. Der nach vorne gerichtete Theil besteht nur aus zwei einzelnen Spitzchen hinter einander, der nach hinten gerichtete abgerundete aus je drei neben einander. Auch hier sind wieder einige grössere Paragnathen untermischt.

Die braunen, nicht stark gekrümmten Kiefer sind mit 12 Zähnen versehen.

Diese Schilderung der Rüsselbewaffnung ist dem kleineren Individium entnommen; bei dem grösseren waren die meisten Paragnathen ausgefallen und die Kiefer nahezu stumpf.

In den Rudern des grossen Exemplares finden sich unentwickelte Geschlechtsproducte.

Unsere Art steht durch die blattförmige Gestaltung des oberen Züngelchen und die Rüsselbewaffnung in Relation mit N. (*Alitta*) *virens* Sars und N. (*Alitta*) *Brandti* Mgrn., unterscheidet sich aber nicht unwesentlich durch die Stellung des Rückencirrus und die Form der Ruder. Ich wollte auch nur die Verwandtschaft mit bestimmten, bekannten Arten andeuten, indem ich die vorliegende Art der Gattung *Alitta*

Kbg. unterstellte. Sie hat viel Gemeinsames mit *N.* (*Heteronereis*) *heteropoda* Cham. und Eysenh. von Unalaschka (Grube E., Beschreibungen neuer oder wenig bek. Anneliden, Arch. f. Naturg. 21 Jahrg., S. 96); doch konnten mich die vorliegenden Daten nicht überzeugen, dass sie mit derselben zu vereinen sei.

Gesammelt von Dr. A. v. Roretz, wahrscheinlich bei Yokohama.

Nereis pelagica.

Linné, Systema naturae. Ed. X, Bd. XVII, p. 654; Ed. XII, p. 1086.
Ehlers, Die Borstenwürmer. Leipzig 1864—1868, p. 511, Taf. XX, Fig. 11—20.

Es ist nur ein übel behandeltes Bruchstück mit 48 Segmenten vorhanden. Das Thier war nicht geschlechtlich entwickelt. Die Übereinstimmung mit *Nereis pelagica* L. in Exemplaren aus Schottland und Norwegen ist vollständig; nur finden sich in dem mittleren Felde (I) des maxillaren Abschnittes des Rüssels dorsal vier Kieferspitzchen und nicht drei hinter einander wie gewöhnlich. Es steht nämlich neben dem vordersten noch eines.

Grube hat diese an den nördlichen Küsten Europas und den atlantischen Nordamerika's sehr gemeine Art in Nereiden aus dem ochotzkischen Meere erkannt. [1]

Gesammelt von Dr. A. v. Roretz, wahrscheinlich bei Yokohama.

Nereis diversicolor.

O. F. Müller, Prodromus zoolog. dan. 1776, p. 217.
Ehlers, Die Borstenwürmer. 1868, p. 554.

Es lagen mir 11 meist vollständige Exemplare aus der Bai von Miya vor. Zum Vergleiche benützte ich theils von mir selbst gesammelte Thiere aus Triest, über welche ich bereits früher berichtete, und solche aus Trondhjem nebst den Beschreibungen und Abbildungen von Malmgren und Ehlers.

Die Zahl der Segmente im Verhältniss zur Länge ist normal. Die längsten Thiere massen 55"" und hatten 90 Segmente. Wiewohl einzelne Individuen im Habitus recht gut mit den europäischen stimmten, so muss ich doch sagen, dass im Ganzen die japanischen den Eindruck eines zarteren Baues machen. Sie erscheinen etwas flacher, um Weniges breiter. Im Leben waren sie nach den Notizen Dr. Koerbl's grün gefärbt, mit zwei dunkleren dorsalen Längsstreifen. Gegenwärtig ist ihre Farbe graulich, am Rücken vorne bräunlich mit dunklen Längsstreifen in einiger Entfernung von der Mittellinie. Die gleiche oder eine ähnliche Färbung sah ich auch an der *Nereis diversicolor* der Adria. Da die Rüssel sämmtlicher Exemplare vorgestreckt waren, so liessen sich die Kopflappen nicht genügend vergleichen. Die Färbung dieser, sowie der Unterfühler fand ich übereinstimmend; die Augen sind bei der japanischen Form etwas kleiner. Von den Fühlercirren reichten die oberen des hinteren Paares meist bis ins sechste oder auch siebente Segment; sie scheinen ähnlich wie jene der adriatischen Thiere länger zu sein als bei den nordischen.

Die Ruder der *N. diversicolor* sind ausgezeichnet durch den kurzen Rückencirrus, die Ausbildung einer vorderen Lippe des oberen Ruderastes, das Auseinanderweichen der beiden Ruderäste an den hinteren Rudern, die lanzettliche Bildung des Endes der hinteren Lippe des unteren Ruderastes, welches die vordere etwas überragt, die langen, an der Spitze stumpfen und etwas gebogenen Sichelanhänge eines Theiles der Borsten. [2] Alle diese Details sind mit leisen Modificationen auch an den japanischen Individuen. Das obere Züngelchen ist etwas grösser, höher, der Rückencirrus etwas eingesenkt; die beiden Ruderäste weichen etwas weniger weit auseinander. In dem oberen Borstenbündel des unteren Astes bemerkte ich, und zwar an der Vorderseite der Ruderfläche austretend, 2—4 heterogomphe Sichelborsten, die durchaus kräftiger gebaut waren als jene des unteren Bündels; namentlich die Breite des Schaftes im Verhältnisse zu dem der Grätenborsten ist auffallend. An diesen Sichelborsten findet häufig eine vollständige Anchylose in der Gabel des

---

[1] Middendorf's Reise in den äussersten Norden und Osten Sibiriens. Bd. II, Zoolog. Th. 1, St. Petersburg 1851, p. 4.
[2] Siehe Malmgren, Annulata polychaeta, Taf. V, Fig. 28 D; nicht gut bei Ehlers, Borstenwürmer, Taf. XXII, Fig. 9.

Schaftes statt, so dass man die Grenzen zwischen dieser und der Sichel kaum mehr erkennen kann. Bei der *N. diversicolor* unserer Küsten fand ich darüber keine Angaben und waren mir selbst bisher diese Verhältnisse nicht aufgefallen; ich war daher nicht wenig befriedigt, auch bei dieser das ganz gleiche Verhalten der Sichelborsten, sowohl hinsichtlich der Vertheilung, der Grösse, als der Verwachsung im Gelenke constatiren zu können.

Die Paragnathen zeigen in Form und Gruppirung mehrfach Abweichendes, aber doch wieder so viel Übereinstimmendes, dass mich gerade die Betrachtung des Rüssels zu dem Vergleiche mit unserer *N. diversicolor* führte. Zunächst ist hervorzuheben, dass in den Gruppen VI und IV, insbesondere aber in der Gruppe II Paragnathen vorkommen, welche lang und spitz — stiftförmig — sind. Bei der *N. diversicolor* unserer Küsten sind sie viel kürzer und derber. Ein weiterer Unterschied liegt ferner darin, dass die Gruppen II und IV aus viel weniger Paragnathen zusammengesetzt sind. Die dorsale Gruppe II stellt meist nur einen nach aussen offenen Winkel dar, indem der Raum zwischen den Schenkeln nicht ausgefüllt ist. Ebenso ist die Gruppe IV nicht so nach vorne verlängert. In der Gruppe I steht vorwaltend nur ein Kieferspitzchen, doch treten auch zwei hinter einander oder auch drei auf, indem sich noch ein drittes seitlich hinzugesellt. In der Gruppe VI fand ich nur ein einziges Mal fünf Paragnathen; gewöhnlich sind mehr, meist acht oder neun in zwei Querreihen. Sie sind viel feiner als die der Gruppe II. Nichts Besonderes bietet die Gruppe III. Die Gruppen VII, VIII werden nur durch eine einfache Reihe von Kieferspitzen gebildet, während diese bei der europäischen Form an gleicher Stelle zahlreicher auftreten und häufig die Bildung einer unregelmässigen Doppelreihe veranlassen. Die Kiefer zeigen meist sechs Zähne.

Verbreitung. *Nereis diversicolor* wurde bisher gefunden: In der Ost- und Nordsee, an den englischen, dänischen und skandinavischen Küsten; an der westfranzösischen Küste bei St. Vaast la Hougue (Grube), an der Shannon-Insel (Ostgrönland) (Moebius); bei Triest (Ich); Bai von Miya (Dr. Koerbl).

Nereis Dumerilii.

Taf. II, Fig. 4.

Audouin et Milne Edwards, Recherches pour servir à l'histoire naturelle du littoral de la France. Paris 1834. Tome II, p. 196, pl. IV *A*, fig. 10—12.
Claparède Ed., Les Annélides Chétopodes du golfe de Naples. Supplément. Mém. de la Soc. de Phys. et d'Hist. nat. de Genéve. 1870, Tome XX, p. 108 (p. 14 der Sep.), pl. III—VI.

Bis auf eine eigenthümliche Umbildung der gleichzinkigen Sichelborsten des oberen Astes, welche *N. Dumerilii* auszeichnen, und eine wenig abweichende Anordnung der Paragnathen, finde ich die Übereinstimmung einer Reihe von Individuen, welche gleichfalls aus der Bai von Miya stammen, mit der so vielgestaltigen *N. Dumerilii* der europäischen Küsten durchgehends hergestellt. Es waren 15 meist vollständige Exemplare vorhanden. Nur waren bis auf zwei Fälle die Fühlercirren stark verletzt, desgleichen die Rückencirren nicht immer vollständig erhalten; auch fehlten durchwegs die Aftercirren. Es fiel mir überhaupt eine grosse Zartheit der Körperdecke auf.

Die längsten Thiere massen 40ᵐᵐ und hatten 85 Segmente, andere von 28ᵐᵐ Länge hatten 71 Segmente, aber auch das kleinste Individuum von nur 14ᵐᵐ Länge besass bereits 70 Segmente. Der Habitus ähnelt den von Claparède l. c. gegebenen Figuren 1 und 2 auf Tafel III (kleine, nur 30ᵐᵐ grosse geschlechtsreife und grössere, 52ᵐᵐ lange geschlechtslose *Nereiden*-Form). Der Körper ist im Verhältniss zur Länge schmal, daher die Thiere sehr schlank und cylindrisch aussehen; die Ruder folgen nicht dicht aufeinander. Die Segmente zweimal so breit als lang oder etwas darüber. An dem grössten Individuum betrug ihre Breite, einschliesslich der Ruder, aber nicht der Borsten etwas über 2ᵐᵐ. Indem die vordersten vier Ruder kürzer sind als die folgenden, diese überhaupt bis zum 11. erst allmälig sich entwickeln, so entsteht der Eindruck, als ob der Körper hinter dem Kopflappen schmäler wäre. In Wirklichkeit ist der Rücken der Segmente nahezu gleichbreit und erst gegen das hintere Leibesende findet eine Verschmälerung statt. Die Färbung der Weingeistexemplare ist eine auffallend blasse; unter der Lupe bemerkt man dorsal, dem vorderen Rande der

3 *

Segmente folgend, eine braunviolette Binde, welche aus vielen punktförmigen Pigmentanhäufungen besteht und hinter der vorderen Hälfte des Körpers nach rückwärts immer blässer wird, bis sie ganz verschwindet. Sie verbindet die am Ursprunge der Ruder liegende dorsale dunkle Hautdrüse der einen Seite mit der der anderen. Auch die Bauchseite ist in ähnlicher Weise ausgezeichnet, nur erreichen diese Querlinien erst in der Mitte des Leibes ihre volle Deutlichkeit und erhalten sich auch weiter nach rückwärts als die dorsalen. Es fallen ferner dorsal wie ventral die dunklen Hautdrüsen der Ruder auf, drei dem oberen, zwei dem unteren Raude augehörig; desgleichen sind die Spitzen der drei Züngelchen häufig von pigmentirten Drüsen eingenommen.

Form und Grösse des Kopflappens, die Länge der Fühler entsprechen dem gewöhnlichen Verhalten bei *N. Dumerilii.* Bezüglich der Unterfühler bei letzterer bemerkt Ehlers, dass sie klein seien und nicht über die Spitzen der Fühler hinausragen. Claparède zeichnet sie etwas länger (l. c., Taf. III, Fig. 1 *A*, 2 *A*), ebenso lang oder auch kürzer als diese. Ich sehe sie hier meist die Fühler, welche länger sind als die halbe Länge des Kopflappens beträgt, überragen; doch fanden sich auch kürzere. Die Augen waren nicht vergrössert.

Der Rand des ersten Segmentes ist gegen den Kopflappen zu etwas vorgezogen. Es ist nicht oder nur unbedeutend länger als das zweite. Die längsten Fühlercirren ragen nach hinten bis in das 18. Segment.

Was den Bau der Ruder anbelangt, so wäre ich in der grössten Verlegenheit, irgendwelche besondere Unterschiede an den drei verschiedenen Ruderarten im Vergleiche mit Exemplaren aus Neapel und der Adria hervorzuheben. Ehlers gibt die Form der ausgebildeten Ruder in Wort und Bild (Die Borstenwürmer, p. 538, Taf. XX, Fig. 26) nicht genau wieder. Der untere Ast des Ruders soll nämlich nur etwas kürzer sein als das mittlere Züngelchen (Lippe des oberen Astes nach Ehlers), das untere Züngelchen halb so lang als jener. Ich finde aber sowohl bei den europäischen als japanischen Formen den unteren Ast etwa halb so lang als das mittlere Züngelchen und das untere Züngelchen so lang als jenen — Verhältnisse, die auch aus den Abbildungen Malmgren's (Annul.polych., Taf. V, Fig. 25) zu ersehen sind. Genau solche Ruder, wie ich sie hier schildere, beschreibt Ehlers bei einer *Nereis* aus dem Golfe von Georgia (Californien), *N. Agassizi,* von welcher er die grosse Ähnlichkeit mit unserer *N. Dumerilii* hervorhebt. Ich werde weiter unten darauf zurückkommen.

Claparède hat zuerst (l. c. S. 410) die Borsten der *N. Dumerilii* genau untersucht und fünf Arten angegeben, nämlich: Gleichzinkige und ungleichzinkige Grätenborsten mit langem Grätenanhange, ungleichzinkige Grätenborsten, aber mit kurzer und breiter Gräte (nur an den vier ersten Rudern an Stelle der Sichelborsten des unteren Astes), ungleichzinkige Sichelborsten und endlich gleichzinkige Sichelborsten, welche den vorderen Rudern fehlen und erst gegen das 20. auftreten. Bezüglich der ungleichzinkigen Sichelborsten, deren Abbildung bei Ehlers (l. c., Taf. XX, Fig. 35) gar nicht zutreffend ist, muss ich sogleich bemerken, dass sie nicht an allen Theilen des Körpers die gleiche Gestalt besitzen. Es ist dies bereits Malmgren aufgefallen, welcher die auch von mir an den europäischen und japanischen *N. Dumerilii* gesehenen zwei Formen abbildet (Taf. V, Fig. 25 *D*). Bei der einen Art verläuft der Rand mehr gerade, ist in langer Ausdehnung mit Borsten besetzt und die von der Spitze zum Rande sich hinziehende Chitinlamelle ist kürzer, weniger ausgebildet. Diese Art tritt an den vorderen Rudern auf. Ich habe sie unter Fig. 4 *A*, *a* von der japanischen Form abgebildet, fand sie jedoch, wie bereits bemerkt, ebenso bei der *N. Dumerilii* unserer Küsten. An beiden Arten ist die umgebogene, hammerförmig verbreiterte Spitze herzorzuheben. Die Vertheilung der Borsten in den ausgebildeten Rudern ist folgende: Oberer Ast: Gleichzinkige Grätenborsten, ein oder zwei gleichzinkige Sichelborsten. Unterer Ast: Im oberen Bündel gleichzinkige Grätenborsten und ein paar stärkere ungleichzinkige Sichelborsten; im unteren Bündel wenige ungleichzinkige Grätenborsten und zahlreiche ungleichzinkige Sichelborsten. Bei den japanischen Thieren habe ich mit Ausnahme der gleichzinkigen Sichelborsten weder in Bezug auf die Form der Borsten, noch deren Anordnung etwas Bemerkenswerthes vorzubringen. Die Übereinstimmung mit der *N. Dumerilii* unserer Küsten ist eine vollständige. An der Stelle jener sah ich, und zwar vom 11. Ruder an, an den ersten Exemplaren, die ich untersuchte, kräftige, weingelbe, gegen das Ende braun gefärbte Borsten, die unter der Spitze einen seitlichen starken Haken bildeten (Fig. 4 b). Sie unterscheiden sich von allen anderen Borsten dadurch, dass eine Trennung in ein Endstück und einen Schaft nicht durchgeführt war; doch war eine in einiger Entfernung von dem Ende dieser Borsten beginnende Querstreifung des schaftartigen Theiles und eine ebendort befindliche, quer über die Borsten laufende helle Zone zu bemerken. Dass diese eigenthümliche Form der Borsten auf Anchylose und gleichzeitige kräftigere Entwicklung der gleichzinkigen Sichelborsten zurückzuführen sei, wie ich vermuthete, erhielt seine Bestätigung durch die Auffindung solcher, den entsprechenden Borsten der europäischen *N. Dumerilii* viel näher stehenden Borsten bei dem jungen kleinen Exemplare von 14ᵐᵐ Länge. Man betrachte zu diesem Behufe die Figuren 4, 4 a, 4 b. Da es noch keine Darstellung dieser Borsten bei der *N. Dumerilii* unserer Küsten gibt, so fügte ich eine solche zum Vergleiche hinzu (Fig. 4 a). Das eingelenkte Endstück der japanischen Form ist kürzer, plumper, die Behaarung an der Schneide ist auf eine kürzere Strecke beschränkt und weniger deutlich; im Schafte bemerkt man eine doppelte Reihe von Querstreifen. Sowohl bei dieser, als der europäischen Form und wohl auch bei noch vielen anderen Arten existirt eine eigenthümliche Verbindung der Sichel mit dem Schafte, worüber ich keine früheren Angaben finde. Der Grund mag sein, weil die Borsten gewöhnlich bei zu unbedeutender Vergrösserung wiedergegeben werden. Es löst sich nämlich von dem unteren Ende der Schneide der Sichel ein Band ab, das gefaltet zu der naheliegenden Zinke des Schaftes zieht, um dort sich festzusetzen; ebenso, jedoch weniger deutlich, wird das verlängerte Ende des Rückens mittelst eines zarten Fadens an den Schaft befestigt.

Die starken Doppelhaken, welche an den grossen Individuen die Stelle der gleichzinkigen Sichelborsten einnehmen, ragen nie so weit über den Ruderrand vor als diese. Gewöhnlich finden sich zwei, manchmal nur einer. Man bemerkt sie häufig im Inneren des Ruders bereits vollständig ausgebildet.

Derartige Doppelhaken finde ich unter den früher beschriebenen *Nereis*-Arten nur für die bereits erwähnte *N. Agassizi* Ehlers (l. c. S. 544) angeführt und auf Taf. XXIII, Fig. 1 von Ehlers abgebildet. Ehlers bemerkt selbst, dass diese Art sehr nahe verwandt sei mit *N. Dumerilii*. Nach den oben angebrachten Berichtigungen der Beschreibungen der Ruder bei *N. Dumerilii* wird sie dieser noch näher stehen; somit muss weiter gefolgert werden: Ist sie nicht mit unseren japanischen Formen zusammenzufassen, zu der sie besonders durch den Besitz der auffallenden Doppelhaken, welche wohl auch dort durch Modification gleichzinkiger Sichelborsten zu erklären sein werden, in engen Beziehungen steht? Ich meines Theiles finde, dass starke Wahrscheinlichkeiten für die Identität sprechen, begnüge mich jedoch, vorläufig einfach darauf hinzuweisen. Dass nordcalifornische Thiere auch der Fauna Japans angehören können, und umgekehrt, scheint mir bei der bereits in mehrfacher Hinsicht constatirten Correspondenz der Fauna der Westküste des nördlichen Amerika's mit der der Ostküste des nördlichen Asiens ganz natürlich.

Was den Rüssel und seine Bewaffnung anbelangt, so habe ich nur hervorzuheben, dass die laterale Gruppe (IV) des maxillaren Antheiles des Rüssels ventral weniger reich an Paragnathen ist, als bei den von mir untersuchten *N. Dumerilii* aus dem Mittelmeere, so dass dieselben dem zufolge nicht so deutliche und so zahlreiche Reihen herstellen. Die übrigen Verhältnisse differirten nicht. An dem oralen Abschnitte fand ich bei einigen darauf untersuchten europäischen und den japanischen Individuen ventral fünf Gruppen von Paragnathen-Querreihen. Claparède hebt dies (l. c. p. 423 oder 59) als die typische Anzahl hervor, von welcher allerdings Abweichungen stattfinden. Dass solche überhaupt bei dieser Art in ausgedehnten Masse als individuelle oder Alterserscheinungen auftreten, davon gibt uns Claparède ausführlich Nachricht. Dasselbe gilt hinsichtlich der Zahl der Zähne an den Kiefern. Sie schwanken von 5—20 (Ehlers 4—5 oder 6—7, Malmgren 12—13). Ich sah an den japanischen Formen gewöhnlich sieben; so viel werden von Ehlers auch für *N. Agassizi* angegeben.

Hochnordische Fundorte dieser, auch das Mittelmeer bewohnenden, Art sind bisher nicht bekannt geworden. Ebenso wenig wurde sie für die tropischen Meere angegeben.

Fam. PHYLLODOCEA Gr.

Notophyllum japonicum n. sp.

Taf. III, Fig. 1.

Körper aus 25 Segmenten zusammengesetzt, 10ᵐᵐ lang, vorne und hinten circa 1·5ᵐᵐ, in der Mitte circa 2ᵐᵐ breit. Farbe umbrabraun mit einem Stich ins Olivengrüne. Die grossen Rückencirren berühren sich mit ihren medianen Rändern am Anfange und gegen das Ende des Körpers, in der Mitte jedoch übergreifen sie.

Der Kopflappen ist abgerundet fünfeckig, etwas breiter als lang, die Stirne schwach vorgezogen. Der unpaare Stirnfühler war nicht erhalten. Von den vier anderen sind nur die zwei vorhanden, welche hart am Stirnrande, aber von der unteren Fläche des Kopflappens entspringen, während die zwei anderen, wie die Lage der Ansatzstellen beweist, der oberen Fläche und zwar nach innen von dem Vorderrande der Augen aufgesessen waren. Die paarigen Stirnfühler sind dick, etwas kolbig, halb so lang als der Kopflappen. Fast die ganze Seitenfläche nimmt rechts und links je ein sehr grosses Auge ein.

Das Buccalsegment ist von oben nicht sichtbar, das zweite Segment nur kurz, kaum halb so lang als das folgende. Jedes der zwei ersten Segmente trägt ein Paar Fühlercirren jederseits. Die des ersten Segmentes sind kürzer, höchstens um ein Drittel länger als der Kopflappen, die des zweiten mehr als zweimal so lang wie dieser. Sie würden zurückgelegt, bis in das siebente Segment reichen. Die Fühlercirren sind verhältnissmässig dick und allmälig in eine dünne Spitze ausgezogen.

Die Segmente sind im Verhältnisse zur Länge breit. Das achte Segment beispielsweise wie 5 : 1, das 25. wie 4 : 1. Die Segmente werden somit in der Mitte des Leibes etwas länger. Der Rücken der Segmente zerfällt in einen längeren, ausgeschweiften mittleren und einen vorderen und hinteren sehr kurzen, faltenartigen Antheil. Seitlich stehen die vorderen Ecken des mittleren Segmentantheiles etwas knopfartig vor (Fig. 1).

Die Ruder (Fig. 1 A) erreichen nahezu die Breite des Leibes. Sie sind zweiästig; der obere Ast jedoch ist rudimentär. Er wird durch eine, selten zwei, leicht geschwungene, aber viel schwächere Acicula als die des unteren Astes markirt. Capillarborsten wie bei *Notophyllum polynoides* Oerst. konnte ich nicht wahrnehmen. Der seitlich zusammengedrückte untere Ast ist von eiförmiger Gestalt. Die sehr grossen blattartigen Rückencirren sitzen auf niederen Trägern unmittelbar dem oberen Aste auf und decken sich dachziegelförmig. Sie überragen das Ruder vollkommen, so dass man in Obensicht nur ein Stück der Borstenstäbe und deren Endanhänge erblickt.

Isolirt man ein Ruder, an welchem der Rückencirrus in Lage erhalten ist, so sieht man, dass derselbe unmittelbar hinter seiner Ansatzstelle geknickt ist, um die horizontale Lage einzunehmen. In meiner Zeichnung (Fig. 1 A) ist derselbe nach oben geschlagen, sein hinterer und innerer Rand abgeschnitten. Die Rückencirren (Fig. 1 B, *a* Aussen-, *i* Innenrand) haben eine nierenförmige Gestalt. Der Hylus nimmt nicht die Mitte ein, sondern ist etwas nach aussen gerückt. Die innere Hälfte der Rückencirren ist demnach grösser als die äussere. Sie sind im durchfallenden Lichte graugrünlich, am hinteren Rande dunkler pigmentirt. Die Bauchcirren (Fig. 1 C) abgerundet herzförmig, entspringen von der hinteren und unteren Seite des Ruders an dessen medianen Hälfte. Sie stehen vertical. Ihr oberer Rand ist in normaler Lage etwas nach vorne umgeschlagen.

Von der Mitte des unteren Randes des Ruders entspringt mit breiter Basis ein stumpf dreieckiger Fortsatz.

Der untere Ast enthält eine Acicula und ein Bündel von 12—18 glashellen, zusammengesetzten Borsten. Der Stab ist an seinem etwas verdickten Ende jederseits mit 5—6 deutlichen Dörnchen versehen, welche in der Seitenlage (Fig. 1 D, *a*) sichtbar werden. Der Endanhang ist, wo er dem Stabe aufsitzt, breit, geht aber bald peitschenartig in eine immer dünner werdende Spitze aus, welche meist umgebogen ist. Eine mit feinen Zähnchen besetzte Schneide und scharfe Querstreifen zeichnen ihn aus. Fig. 1 D, *b* zeigt die Art der Einlenkung in den Stab.

Das schmale, stumpfdreieckige Aftersegment mit zwei kurzen, breiten Aftercirren, welche an Grösse und Gestalt den Bauchcirren ähneln.

Gesammelt von Dr. A. v. Roretz.

Carobia[1] castanea n. sp.

Taf. III, Fig. 2.

Körper 30"" lang, aus 154 Segmenten zusammengesetzt, in der Mitte 2·5"" breit, die Rückencirren eingerechnet, nach vorne mehr als nach hinten zugespitzt. Die Breite hinter dem Kopflappen betrug 1·25"", vor dem Körperende 1·5"". Der Rücken ist stark gewölbt, in der Mittellinie etwas gratig erhoben. Die Rückencirren lassen den grössten Theil seiner Breite frei. Da die Segmente nach vorne sehr an Breite abnehmen, so ist im ersten Fünftel des Leibes die freie Fläche schmal. Sie verbreitert sich aber immer mehr, bis sie die Hälfte der ganzen mit Inbegriff der Rückencirren gemessenen Körperbreite ausmacht, worauf sie wieder allmälig gegen das hintere Ende sich verengt. Kopflappen, Fühler und Fühlercirren, die freie Fläche des Rückens, der Ruder und die Bauchfläche haben gegenwärtig eine lebhaft rothbraune Färbung, die Rücken- und Bauchcirren sind tief dunkelbraun gefärbt.

Der Kopflappen gewölbt, der Länge nach in der Mittellinie etwas vertieft, so lang als breit (0·33"") mit schmalem Vorderrande, der kaum merklich ausgeschweift ist, vorgewölbten Seitenrändern und in der Mitte etwas eingezogenem Hinterrande. Die grösste Breite des Kopflappens entspricht der Horizontalen, welche denselben in eine gleiche vordere und hintere Hälfte theilt. Etwas hinter dieser Linie und nicht ganz am Seitenrande des Kopflappens liegt der Vorderrand der beiden grossen ovalen Augen, deren Längsdurchmesser mehr wie ein Fünftel der ganzen Länge des Kopflappens beträgt. Der Vorderrand des Kopflappens ist schmäler als der Hinterrand, durchscheinend. Die zwei oberen Fühler waren abgefallen. Sie nahmen die Mitte des Raumes zwischen dem vorderen Augenrande und dem Stirnrande ein, nach innen von dem Seitenrande. Bei stärkerer Vergrösserung bemerkt man hier eine Erhebung des Kopflappens, der einen concaven Contur nach aussen kehrt und mit diesem und dem Seitenrande die Stelle begrenzt, wo die Fühler aufsitzen. Die Ursprungsstelle der unteren Fühler liegt etwas weiter nach hinten auf der Unterfläche des Kopflappens. Sie verbreitern sich bald ober ihrer Basis und werden fast so breit als der vierte Theil der Länge des Kopflappens beträgt, sodann spitzen sie sich gegen das Ende fein zu. Ihre Länge erreicht nahezu zwei Drittel der Länge des Kopflappens.

Die vier Fühlercirren jederseits sitzen den zwei auf den Kopflappen folgenden Segmenten auf. Das erste, aus der Verschmelzung des ersten und zweiten entstanden, ist 1½mal so lang als das folgende und trägt drei Paare. Sein Vorderrand in der Mitte vorspringend, legt sich in den Hinterrand des Kopflappens. Zwei Fühlercirren entspringen jederseits seitlich vom Kopflappen und zwar über einander. Sie fassen einen mit Borsten versehenen kurzen Fortsatz zwischen sich. Der untere, der kürzeste sämmtlicher Fühlercirren, ist so lang (0·34"") wie der Kopflappen, der obere etwa um ein Viertel länger (0·44""). Hinter diesen zwei Fühlercirren, schon hart an dem Vorderrande des zweiten Segmentes, nimmt der dritte Fühlercirrus seinen Ursprung. Er ist der längste von allen, etwas mehr als doppelt so lang (0·70"") wie der Kopflappen und würde nach rückwärts gelegt bis zum neunten Segmente reichen. Die Form dieser drei Fühlercirren ist eine übereinstimmende, nur hinsichtlich der Breite sind sie verschieden. Sie sind nicht cylindrisch, sondern mehr blattartig, compress, an der Basis etwas schmäler, sodann erweitert und gegen das Ende hin zugespitzt. Die Breite des unteren der beiden vorderen Fühlercirren beträgt 0·1"", die des oberen 0·13"", die des

[1] Der Charakter der auf *Phyllodoce lugens* Ehlers aus der Adria von Quatrefages (Hist. nat. d. Annél. Bd. II, p. 145 [1865]) aufgestellten Gattung *Carobia* wurde von mir (Zur Kenntniss d. adriat. Annel. Sitzungsber. d. kais. Akad. d. Wissensch. in Wien, 1871, Bd. LXIX, p. 21 d. Sep.) dahin präcisirt, dass das erste und zweite Segment meist zu einem, drei Paar Fühlercirren und ein Borstenbündel tragenden, scheinbar ersten Segmente verschmelzen, das nächstfolgende, eigentlich dritte Segment jederseits mit einem Fühlercirrus, einem blattartigen Bauchcirrus und einem mehr minder ausgebildeten Ruder versehen ist.

hinteren längsten $0 \cdot 16^{mm}$. Dieser besitzt somit eine Breite, die mindestens die Hälfte der Breite und Länge des Kopflappens ausmacht. Der vierte Fühlercirrus, vom Aussenrande des zweiten Segmentes entspringend, hat eine mehr cylindrische Gestalt. Er ist länger ($0 \cdot 52^{mm}$) als der obere vordere Fühlercirrus, kürzer jedoch als der dritte und schmäler ($0 \cdot 09^{mm}$) als die übrigen. Unter ihm steht ein Ruder mit seinem Bauchcirrus.

Der Rücken der Segmente zeigt in Folge Quertheilung dieselbe Zeichnung wie bei *Notophyllum japonicum* n. sp. (Fig. 1). Die vorderen Segmente sind etwa 4 mal, jene der Mitte des Leibes etwa 6 mal so breit als lang, indem bei letzteren neben der Breite auch die Länge zugenommen. Die Segmente folgen dicht aufeinander. Die Rückencirren decken sich dachziegelförmig.

Die Ruder (Fig. 2) sind kurze konische Fortsätze mit längerer, leicht gelappter Vorderlippe und einfach abgerundeter kürzerer Hinterlippe.

Die Rückencirren sind vorwiegend ausgesprochen herzförmig mit nach unten verlängerter und schmäleren äusseren Partie ihres Unterrandes. An den vorderen Rudern sind sie mehr abgerundet, rundlichoval, der Hylus ist enge, der Unterrand symmetrisch (Fig. 2 *A*). Die Rückencirren der hinteren Leibesregion sind zwar gleichfalls herzförmig, jedoch kürzer, stumpfer, und der äussere Theil des Unterrandes verlängert sich nur mässig. Die Bauchcirren (Fig. 2 *B*) nierenförmig, bald mehr rundlich, bald längsoval mit abgerundetem Aussenrande. In jedem Ruder ein Bündel von etwa 14 zusammengesetzten, hellen, sehr feinen Borsten (Fig. 2 *C*). Der an seinem Vorderrande mit mehreren längeren Dornen besetzte Schaft trägt einen sich fein zuspitzenden sensenförmigen Endanhang, der auf der Fläche deutliche schiefe Streifung zeigt und dessen Schneide kaum merklich gesägt oder gedornt ist. Eine helle Acicula.

Aftercirren war keine erhalten.

Gefunden an der Ostküste der Insel Eno-sima (Dr. Koerbl).

Eulalia albopicta n. sp.

Taf. III, Fig. 3.

Ein einziges unvollständiges Exemplar lag vor. Es hatte 77 Segmente und mass 18^{mm} in der Länge. Die Breite betrug etwas über 2^{mm}, die Rückencirren eingerechnet. Der Körper ist nach vorne weniger, stärker nach rückwärts zugespitzt, der Rücken gewölbt. Die Färbung ist ein unbestimmtes Grau mit röthlicheren Tönen; der Rücken dunkler als der Bauch und die Cirren. Die auf den Kopflappen folgenden zwei ersten Segmente sind kreideweiss, ebenso die Träger des dritten und vierten Fühlercirrus. Auf dem Rücken der Segmente sind anfangs vereinzelt, dann meist zu zwei, aber ohne regelmässige Anordnung, quer gezogene weisse Flecken bemerkbar.

Der Kopflappen (Fig. 3) mehr als $1^1/_2$ mal so breit als lang, abgerundet, pentagonal. Der Vorderrand ist in der Mitte etwas eingezogen und diese Bucht wird von einem schwach vorspringenden Zapfen eingenommen. Der Contur des Hinterrandes ist nicht herzförmig. Die zwei oberen paarigen Stirnfühler sind so lange wie der Kopflappen, konisch, an der Basis breiter als der etwas längere, mehr cylindrische unpaare Stirnfühler, welcher beiläufig der Mitte der oberen Fläche des Kopflappens aufsitzt. Die zwei unteren Fühler entspringen hart unterhalb der paarigen Stirnfühler von der unteren Fläche des Kopflappens, haben deren Gestalt und sind nur unbedeutend länger. Die zwei grossen runden Augen liegen dem Hinterrande des Kopflappens näher als dem Vorderrande.

Vier Fühlercirren jederseits. Sie werden von den zwei kurzen unmittelbar auf den Kopflappen folgenden Segmenten getragen, deren Länge zusammengenommen kaum mehr beträgt als die Länge des dritten Segmentes.

Das von oben sichtbare erste, gegen den Kopflappen schwach vorgezogene, Segment ist aus der Verschmelzung von zwei Segmenten entstanden zu denken; denn es sitzen ihm drei Paar Fühlercirren auf, von welchen die hinteren zwei Paare ein Ruderrudiment mit Borsten zwischen sich fassen. Der vorderste Fühlercirrus liegt zu Seiten des Kopfes. Er ist der kürzeste von allen, so lang als der Kopflappen breit. Der obere der zwei hinter ihm folgenden Cirren ist hingegen der stärkste und längste, er reicht bis in das elfte Segment. Der nach aussen und unten von ihm liegende dritte Cirrus ist ein wenig länger als der vorderste; zwischen ihm und dem zweiten ist das kleine borstentragende Ruder zu finden. Der vierte Fühlercirrus sitzt den Seiten des zweiten, eigentlich dritten Segmentes auf; er ist etwas kürzer als der lange Cirrus des vorhergehenden Segmentes. Unter ihm ein Ruder mit Bauchcirrus. Die Form der Fühlercirren ist cylindrisch, allmälig gegen das Ende verjüngt.

Die Rückenfläche der Segmente ist, namentlich in den Seitentheilen deutlich, quer gefaltet. Die ersten zehn Segmente etwa sind kurz, dann nimmt die Länge rasch zu. Auf der Bauchfläche war das Verhältniss der Länge zur Breite vorne wie 1 : 6 oder 7, in der Mitte oder vor der Mitte wie 1 : 3.

Die Ruder (Fig. 3 A) sind ansehnliche Fortsätze, deren Länge die Hälfte der Segmentbreite auf der Bauchfläche übersteigt. Die Vorderlippe ist länger, abgerundet, die Hinterlippe konisch. Die Rückencirren sind spitz-herzförmig mit sehr seichtem Hylus. Auch an dem vordersten ist diese Grundgestalt ausgeprägt; jedoch an den hinteren geht sie ins Lanzettliche über (Fig. 3 B). Die Bauchcirren sind gleichfalls herzförmig, aber stark abgerundet, etwas länger als hoch. Die der hinteren Segmente werden wie die Rückencirren mehr in die Länge gezogen, also im Verhältnisse niedriger und etwas spitzer.

Die Borsten (Fig. 3 C) sind zusammengesetzt, einerlei Art, etwa 32 in einem Bündel. Der Stab ist an seinem oberen Ende deutlich mit Stachelchen versehen, gröbere Dörnchen fehlen aber. Die Schneide des sensenförmigen Anhanges ist namentlich in ihrem unteren Theile stark und deutlich gesägt, die Fläche quergestreift. Eine Acicula.

Gesammelt von Dr. A. v. Roretz.

Fam. HESIONEA Schmd.

Hesione reticulata n. sp.

Taf. III, Fig. 4.

Körper vom Vorderrande des Kopflappens bis zum Hinterende des Aftersegmentes gemessen 56''' lang aus 19 Segmenten zusammengesetzt; die Breite des Buccalsegmentes (bei fast völlig ausgestülptem Rüssel) 5''', des 11. Segmentes 7·3''' (mit Ruder und Borsten 12'''), des vorletzten Segmentes 3''', des Aftersegmentes nicht ganz 2'''. Der Rücken hochgewölbt, der Körper daher rundlich, raupenartig; die polsterartigen Seitentheile der Segmente schmal. Die Seitenflächen der Bauchflächen stark aufgewulstet, die Mitte in Folge dessen rinnenartig vertieft. Über die Farbe des lebenden Thieres gibt Dr. Koerbl an: Rücken roth, schillernd. Ruder grün. Mit letzter Angabe dürften wohl die auch jetzt noch intensiv grün gefärbten Borsten gemeint sein. Gegenwärtig ist die Färbung folgende: Der vorgewölbte Theil des Rückens in den ersten fünf Segmenten dunkler röthlich-braun, sodann heller bräunlich bis zum 11. Segmente; von hier ab nach hinten vom Inhalte des Darmes granviolett. Auf diesem dunklen Grunde bemerkt man zunächst weisse, quergezogene Flecken, etwas hinter der vorderen Segmentgrenze die Mitte des Rückens einnehmend und nur am 2., 3., 4. und 5. Segmente breitere Binden bildend. An dem hinteren Segmente sind diese grösseren weissen Flecken weniger regelmässig angeordnet. Ausserdem sieht man schon mit freiem Auge, besser noch bei Anwendung einer schwachen Lupe, der Länge des ganzen Körpers nach verlaufende, zarte, weisse Wellenlinien, die sich unter einander mittelst kurzer Anastomosen verbinden und eine netzartige oder marmoraderartige Zeichnung erzeugen. Es lassen sich in jeder Körperhälfte etwa vier oder fünf derartige Längslinien unterscheiden. Durch Zusammenfliessen entstehen hie und da zerstreute weisse, unregelmässige Flecken. Eine weisse Längslinie trennt die Seitentheile der Segmente von der Mitte. Sie sind der Länge nach geringelt, etwas heller gefärbt und durch einen weissen Fleck ober dem Rückencirrus ausgezeichnet. Die Bauchfläche wie die Ruder hell graurötlich; die vertiefte Mittelfläche (den Porenfeldern entsprechend) fein dunkler punktirt; auf jedem Segmente etwas hinter dem Vorderrande ein centraler weisslicher Fleck. Rücken und Bauchfläche mit schwachem Metallglanze.

Der Kopflappen[1] bei nicht vollständig ausgestülptem Rüssel etwas breiter als lang, stumpfkarten-herzförmig, hinten breiter, eingebuchtet; mediale Furche wenig deutlich. Zwei seitliche Fühlerchen, welche durch eine seichte nach vorne concave, über die Breite des Kopflappens ziehende Furche verbunden werden. Vor dieser noch eine kurze stumpfkonische, zum Vorderrande des Buccalsegmentes hinziehende, im selben Niveau mit dem dahinter liegenden Theile des Kopflappens befindliche Erhabenheit. Vier sehr deut-liche, rundliche Augen in einiger Entfernung von dem Seitenrande. Die vorderen mehr nach aussen gerückt als die hinteren. Das linke vordere Auge merklich grösser als das dahinter liegende und zugleich etwas schief nach vorne und aussen verlängert, das rechte vordere nur wenig grösser als das rechte hintere.

Das Buccalsegment auf der Bauchfläche nicht ganz 2″ lang, auf der Mitte der Rückenfläche sehr kurz. Acht Paar Fühlercirren; die dorsalen viel länger als die ventralen. Der längste und stärkste ist der zweite dorsale Fühlercirrus; er reicht zurückgelegt bis über das fünfte Ruder hinaus. Etwas kürzer und schmächtiger ist der dritte. Der erste endet vor dem vierten Ruder, der vierte geht etwas über das vierte Ruder hinaus. Die ventralen Fühlercirren durchaus viel kürzer, nicht die Breite des Segmentes erreichend, etwas über das zweite Ruder nach hinten ragend. Auch unter diesen ist der zweite der längste.

Die Segmente nehmen bis zum 11. an Breite zu, dann vom 13. wieder ab. Die höchste Länge von 4″″ wird schon im neunten Segmente erreicht und bleibt noch nahezu dieselbe am 16. Segmente. Die Segment-grenzen sind nur an den Seiten des Körpers deutlich.

16 Ruderpaare. Die längsten Ruder (Fig. 4) etwas über 4″″ (die Borsten [1·7″″] inbegriffen) lang, in der Seitenansicht schwach konisch, am Ende quer abgestutzt mit einem fingerförmigen Fortsatze, der aus dem Oberrande der Spalte, welche das Borstenbündel aufnimmt, heraustritt. Zu ihm zieht die schwarze Acicula. Schon dem freien Auge fällt die spangrüne Farbe des Borstenbündels auf; doch ist nur der Schaft der Borsten (Fig. 4 *A*) gefärbt. Derselbe ist ferner durch sehr zahlreiche feine Längsstriche, welche wieder fein quer-gestreift sind, ausgezeichnet. Das messerförmige Endstück ist vollkommen durchsichtig, farblos, am Ende hakenförmig gekrümmt, mit einem darunter stehenden kurzen dreieckigen Zahne und einer diesen schützenden Decklamelle. Die Schneide ist sehr fein gedornt. Oft sind Endhaken oder Zahn verstümmelt, stumpf, die Decklamellen abgebrochen. Die Borsten der verschiedenen *Hesione*-Arten sind übrigens sehr gleichförmig gebaut. Der einem starken Träger aufsitzende Rückencirrus erreicht oder übertrifft die Breite der Segmente

---

[1] Unter allen mir bekannten Abbildungen von *Hesione*-Arten gibt höchstens die der *H. splendida* Sav. (Descr. de l'Egypt. Annél. Pl. III, Fig. 3) eine richtige Vorstellung von der Gestalt des Kopflappens bei *Hesione*, wenn der Rüssel nicht ausgestülpt ist; nur fehlen hier wieder die zwei Fühler und die Augen. Ich finde nach Untersuchung von *H. sicula* Delle Chiaje aus dem Mittelmeere, *H. proctochona* Schmarda, welche von den Küsten der Antillen und Brasiliens bekannt ist, und *H. genetta* Grube von Bourbon (Samoa, Philippinen) den Kopflappen sehr gleichförmig und nach folgendem Plane gebaut: Er ist von oben gesehen immer kartenherzförmig mit dem breiten Theile als Hinterrand, die abgerundete Spitze nach vorne. Eine von der hinteren Einbuchtung nicht ganz bis zum Vorderende ziehende Furche halbirt ihn. Seine Seitenränder werden ganz von dem Buccalsegmente, in das er eingesenkt ist, begrenzt; er erhält sich aber doch polsterförmig etwas über das Niveau der Umgebung. Betrachtet man das Thier von der ventralen Seite, so sieht man, von zwei grossen Falten des Buccal-segmentes in die Mitte genommen, eine Falte, welche in unmittelbarer Continuität mit dem Kopflappen steht, sich keilförmig nach unten und hinten (zur Mundöffnung) erstrecken. Die zwei Fühlerchen stehen nicht dort, wo sich der Rand des Buccal-segmentes auf die Bauchfläche umbiegt, sondern etwas nach rückwärts in einer sanften Einbuchtung des Seitenrandes des Kopflappens, nach innen von dem vorderen Auge, so ziemlich in der Richtung einer Geraden, welche von dem hinteren Auge nach vorne gezogen wird. Von der Ursprungsstelle des einen Fühlers zu jener des anderen geht quer eine seichte, nach vorne ein wenig concave Furche, und diese Furche ist es, welche die übliche Abgrenzung des Vorderrandes des Kopf-lappens bildet. Man kann diese jedoch nur bei gänzlich ausgestülptem Rüssel deutlich sehen. Es wird nämlich bei den *Hesione*-Arten durch das Vordrängen des breiten und derben Rüssels das Buccalsegment sehr in die Quere gedehnt, der Kopflappen gespannt; es verstreichen die oben erwähnten Falten. Der Kopflappen ist dann weniger erhaben, quadratisch oder besser trapezförmig mit eingebuchtetem Hinterrande, schwach concavem oder fast geradem Vorderrande, in dessen Ecken die Fühlerchen stehen. Ein derartiges, annähernd richtiges Bild geben Audouin und Milne Edwards von ihrer *H. pantherina* Risso (Annél. Pl. V, Fig. 4). Bei einem Vergleiche von *Hesione*-Arten mit Beschreibungen wird man diese Verhältnisse stets im Auge behalten müssen, um allenfalls sich ergebende Differenzen auf ihr richtiges Maass zurückzuführen, und auch den Umstand, dass der Kopflappen, wie ich bereits oben angegeben, bei den verschiedenen Arten eine sehr über-einstimmende Gestalt zeigt.

(es waren nicht immer die Enden erhalten). Der längste (11˙˙˙) war der des ersten Ruders; er reichte zurückgelegt bis zum sechsten Ruder und war etwas mehr als zweimal so lang wie sein Segment. In das Basalstück treten drei, darunter eine dunkle, feine Acienlen [1] ein. Die Bauch eirren ragen mit ihrem Ende etwa bis zur halben Länge des Borstenbündels. Sie laufen nicht so spitz zu wie die Rückencirren.

Das vorletzte Segment trägt einen Rückencirrus von der Länge der Aftercirren und einen kürzeren (nicht vollständig erhalten) Bauchcirrus, aber keine Ruder.

Die zwei Aftercirren waren 10˙˙ lang.

Der nicht vollständig vorgestülpte Rüssel war an der Bauchseite etwas über 5˙˙ lang. seitlich comprimirt, 4˙˙ breit, durch eine Falte der Quere nach in zwei, nahezu gleiche Hälften getheilt. Der gewulstete Vorderrand von derber Consistenz. Auf seiner Rückenseite fand sich bedeckt von dem Vorderrande des Buccalsegmentes eine mediale pilzförmige Papille.

Gefunden an der Ostküste der Insel Eno-sima (Dr. Koerbl).

Fam. SYLLIDEA Gr.

Syllis inflata n. sp.

Taf. III, Fig. 5.

Körper des einen vollständigen Exemplares mit 125 Segmenten, 24˙˙˙ lang. Der Habitus dieser Art ist ein sehr auffallender. Der Rücken ist hochgewölbt, der Bauch fast durchaus flach; die Kante wird von den Rudern eingenommen. Der Körper verbreitert sich rasch hinter dem Kopfe, die Segmente folgen gedrängt aufeinander. Die ersten 20 beiläufig sind stark aufgetrieben. Der Körper ist hier höher als an einer anderen Stelle und die Bauchfläche gleichfalls vorgewölbt; das wenig verjüngte vordere Ende des Leibes gegen den Kopflappen vorüber geneigt. Die Rückencirren stehen hier ziemlich hoch über den Rudern. Nach rückwärts spitzt sich der Körper allmälig zu; das schmale Hinterende steht im starken Gegensatze zu dem hohen und breiten Anfangstheile des Körpers. Die Breite des Körpers betrug hinter dem Kopfe 1˙˙˙, in dem aufgetriebenen Theile 2·5˙˙˙, hinter diesem 1·5˙˙˙, und vor dem hinteren Aftersegmente 0·67˙˙˙. Die Färbung ist bei freiem Auge gelblich. Unter der Lupe bemerkt man, an einem Exemplare bis nach hinten deutlich, an dem anderen nur vorne, drei bräunliche Querlinien auf dem Rücken jedes Segmentes. Die Segmentgrenzen sind hell. Auch die Bauchfläche erscheint leicht bräunlich angehaucht.

Der Kopflappen, fast gänzlich von dem Buccalsegmente verdeckt, queroval, kaum halb so lang als breit. Die drei cylindrischen oder leicht keulenförmigen Stirnfühler gleich lang oder der unpaare unbedeutend länger. In einem Falle überragten den unpaaren die paarigen Stirnfühler am Weniges, in dem anderen standen die Enden aller in einer Höhe. Die paarigen Stirnfühler entspringen vom Stirnrande, der unpaare etwas dahinter von der Fläche des Kopflappens. Ihre Länge betrug etwas mehr als die Hälfte der Breite des Kopflappens. Gliederung war keine ersichtlich. Die Unterfühler getrennt. Sie stellen zwei grosse, fast ebenso lange als breite abgerundete, mässig konische Lappen dar, welche ebenso weit vorragen als die Stirnfühler.

Vier Augen. Die vorderen, grösseren, leicht nierenförmigen in der Querase des Kopflappens, vom Seitenrande abgerückt mit nach vorne und aussen gerichteten lichtbrechenden Körpern; dicht daran, aber etwas nach innen, die kleineren, rundlichen, mit nach rückwärts gerichtetem lichtbrechenden Körper.

Das Buccalsegment ist von oben sichtbar. Es trägt zwei, leicht keulenförmige, fast cylindrische Fühlercirren jederseits; der dorsale kaum um die Hälfte länger als der Stirnfühler, der ventrale etwas kürzer. Auch die Fühlercirren sind nicht gegliedert.

Die Segmente sind im Ganzen kurz; in der Leibesmitte auf der Bauchseite kaum sechsmal so breit als lang.

---

[1] Claparède sah sie zuerst bei *H. sicula* Delle Chiaje; ich selbst bei allen von mir untersuchten Arten. Dieser Befund müsste demnach in die Gattungs-Charakteristik aufgenommen werden.

4 *

Die Ruder (Fig. 5) sind gut entwickelt, länger als hoch. Die abgerundete Vorderlippe überragt die mehr konische Hinterlippe. Die Rückencirren stehen in einiger Entfernung ober dem Ruderrücken. An den ersten Segmenten sind sie gegen das Ende etwas verdickt zugleich breiter und kürzer als die folgenden, mehr cylindrischen, langen und schlanken. Die langen Rückencirren erreichen nahezu die Breite der Segmente auf der Bauchseite. An dem einen Exemplare fiel mir ein Alterniren in der Stellung der Rückencirren der ersten 12 Segmente auf, indem immer ein höher entspringender Rückencirrus des einen Ruders mit einem tiefer stehenden des anderen abwechselte. Die Rückencirren zeigen eine ganz undeutliche Gliederung, eigentlich nur eine Runzelung. Die Borsten sind zweizähnige Sichelborsten, etwa 15 in einem Bündel. Sie liegen unter drei, am Ende schief abgeschnittenen und schwach fussförmigen Acierlen. Die obersten Borsten haben lange und schmale Sicheln, sodann folgen solche mit etwas kürzeren (Fig. 5 A, a) und breiteren, und endlich die unterste Stelle im Bündel nehmen fünf Borsten (Fig. 5 A, b) ein, die durch ihren derben und breiten Stab, sowie die kurze und kräftige Sichel wesentlich von den oberen abweichen. Die Schneide der schlankeren Borsten ist fein und undeutlich behartet, an jener der derberen kann ich nur gegen das Ende, hinter dem kräftigen Dorne einen gestrichelten Saum bemerken; der übrige Theil der Schneide scheint glatt. Der Bauchcirrus ist ein derber cylindrischer Fortsatz, der das Ende der Ruderlappen nicht erreicht.

Aftercirren fehlten.

Der von 14 weichen Papillen umstellte Eingang der 1″″ langen Schlundröhre zeigt einen einzigen konischen, an der Spitze leicht gekrümmten Zahn. Der Drüsenmagen ist 2·25″″ lang, mit etwa 37 Drüsenreihen. Am Übergangstheile in den Darm zwei „T-förmige Anhangsdrüsen" (Fig. 5 B).

Gefunden an der Ostküste der Insel Eno-sima (Dr. Koerbl).

Fam. EUNICEA Sav.

Onuphis holobranchiata n. sp.

Taf. IV, Fig. 1.

Es lagen nur unvollständige Exemplare vor, so dass über die eigentliche Länge nichts zu sagen ist. Ein Bruchstück von 36″″ hatte 84 Segmente. Der Körper ist im Ganzen von oben nach unten comprimirt, ohne Ruder bis 3·7″″ breit. Die Färbung ist dorsal, wenigstens auf den 20 ersten Segmenten, anfangs gleichmässig dunkelbraun-violett mit schönen metallischen Reflexen, dann ist das Pigment in mehr minder deutlichen Querstreifen aufgelagert (drei auf einem Segmente); endlich erscheint ein einförmiges blasses Braun. Am Bauche ist die Färbung hell, die Mittelfläche gelblich, die Seitenflächen sind bis zu dem Ruderaste hinauf weisslich. Die Röhren, aus kleinen Sandpartikelchen und Muschelfragmenten zusammengesetzt, waren 5″″ breit.

Der Kopflappen gewölbt, farblos, nur mit einem violetten Flecke in der Mittellinie. Von den drei Mittelfühlern ist der mittlere so lang als die ersten sieben Segmente, die seitlichen sind etwas kürzer, ihre Basalstücke aber länger als das Basalstück jenes. Die Fühler sind unvollkommen und undeutlich gegliedert. Ich zähle an dem Basalstücke des mittleren Fühlers vier Ringel und ein längeres ungeringeltes Endstück, an den Basalstücken der seitlichen sieben und ein längeres ungeringeltes Endstück. Das Basalstück der äusseren Fühler ist fast doppelt so lang als das der seitlichen Mittelfühler, hat 10 Ringel und ein langes Endglied. Die Fühler selbst sind so lang als ihre Basalstücke, dick, etwas gerunzelt; sie ragen kaum an die Hälfte des mittleren Fühlers. Die kurzen dicken Stirnfühler etwa so lang als der Kopflappen. Die starken Unterfühler etwas länger. Jederseits nach aussen der seitlichen Mittelfühler ein wenig deutliches Auge.

Das Buccalsegment an seinem Vorderrande ausgeschweift, daher seitlich höher als in der Mitte. Es ist dreimal so breit als lang und trägt keine Ruder, aber an seinem Vorderrande zwei Fühlercirren, die der Länge des Segmentes gleichkommen.

Die zunächst folgenden Segmente zeichnen sich vor den anderen durch grosse Länge aus. Das zweite und dritte gleicht darin dem Buccalsegmente, das vierte ist etwas kürzer, das fünfte jedoch nur mehr halb so lang als das erste; von hier nach hinten nimmt die Länge der Segmente noch weiter etwas ab.

Die Ruder tragen sämmtlich vom ersten bis zum letzten eine einfache Kieme. Die vier ersten Ruder (Fig. 1, 1; 1, 4) sind vor den folgenden ausgezeichnet. Sie besitzen nämlich ausser einer grösseren konischen Hinterlippe, welche auch den darauffolgenden Rudern nicht fehlt, eine kleine fingerförmige Vorderlippe und einen wohl ausgebildeten Bauchcirrus. Sie allein führen ferner zusammengesetzte Borsten. Vom fünften Ruder an (Fig. 1, 5) verschwinden die Verlängerung der Vorderlippe und der Bauchcirrus. An Stelle dieses tritt eine niedere polsterförmige Erhebung auf, welche anfangs länger aber schmäler und vorspringender ist, dann sich mehr verflacht und breiter wird, rückwärts aber wieder an Grösse abnimmt, indem sie dort nicht viel breiter als lang ist. Auch die Hinterlippe wird immer mehr reducirt; am 33. Ruder (Fig. 1, 33) z. B. ist sie nur mehr ein ganz kurzer knopfförmiger Vorsprung, der endlich gleichfalls verschwindet. Weitere Veränderungen betreffen die Grösse des Rückencirrus und der Kiemen. Während die ersteren nach hinten immer mehr an Grösse abnehmen, wachsen diese und erreichen schon vor dem 30. Segmente eine solche Länge, dass die Spitzen der Kiemen beider Körperseiten in der Mitte des Rückens sich kreuzen. An den längeren Kiemen tritt ein medianer brauner Längsstreif auf.

Von Borsten sind vier Arten vorhanden: erstens zusammengesetzte, gesäumt und mit zwei grösseren und einem kleineren Haken am Ende der Sichel; zweitens einfache geflügelte; drittens feine meisselförmige und viertens grobe, mit einem gesäumten Doppelhaken endende, aciculaarartige. Die zusammengesetzten Borsten (Fig. 1 *A*) finden sich nur in den vier ersten Rudern zu vier oder fünf; im Innern des Ruders sieht man eine einfache oder doppelte Reserve. Die Sichel endet mit einem starken Haken, unter welchem ein zweiter, etwas kürzerer und schwächerer und ein ganz kleiner vorragen. In diesen vier ersten Rudern liegen noch ober den zusammengesetzten Borsten zwei einfache, fein zugespitzte, welche wohl auf die schon vom fünften Ruder an auftretende Form zurückzuführen sein werden. Im fünften, sechsten und siebenten Ruder sind nur die zwei nächsten Kategorien vorhanden, vom achten an auch noch die vierte, die aciculaartigen Doppelhaken, und diese drei Arten von Borsten finden sich von hier an in allen Rudern, so weit eben die vorhandenen Exemplare erhalten waren. Die einfachen Haarborsten sind nach ihrem Austritte aus dem Ruder etwas verbreitert und spitzen sich sodann wieder zu. An den rückwärtigen Rudern sind sie schmäler als an den vorderen. Sie sind mit zwei durch die Borstendicke getrennte, gezähnte Flügelsäumen versehen und bei sehr starker Vergrösserung erscheint die Oberfläche der Borste überhaupt, namentlich gegen das Ende zu, fein schinnlirt (Fig. 1 *B*). Sie sind reichlicher (bis 14) nur bis zum Auftreten der Doppelhaken vorhanden. Zu ihnen treten im oberen Antheile des Borstenbündels einige wenige (etwa vier) feine meisselartige Borsten. Ausserdem finden sich meist drei einfach zugespitzte Borsten, die mit ihrem Ende in den vorderen Rudern mehr als in den hinteren vorragen, sich auch durch grössere Breite auszeichnen und bald mehr den Eindruck einer eben gesehilderten Borstenform, bald den von Acikeln, so an den hinteren Rudern, machen. Ich bin geneigt, sie als solche anzusehen. Endlich sind noch die stets unter dem eigentlichen Borstenbündel liegenden nur mit ihrem hinteren Ende an dasselbe stossenden Doppelhaken (Fig. 1 *C*) zu erwähnen. Sie kommen immer zu zwei vor, sind doppelt so breit als die spitz zulaufenden Flügelborsten und mit einer dunklen Centralschichte versehen. Mit Ausnahme der Meisselborsten haben alle anderen einen Stich ins Gelbliche, am intensivsten die letzteren.

Zu der Basis der Rückencirren ziehen bis acht Capillarborsten, unter welchen die obersten etwas stärker sind, als die unteren.

Die Theile des Kieferapparates sind durchwegs hell gefärbt. Die Zangen (Fig. 1 *D*) sind etwas mehr als zweimal so lang als die Träger. Sowohl der rechte als der linke Zahn (Fig. 1 *E*) mit sechs Zähnchen. Der innere, etwas längere Schenkel ist mit einer dunklen Chitinleiste der Zangen sehr fest verbunden. Die unpaare Sägeplatte links mit sieben Zähnchen; von den paarigen Sägeplatten die rechte mit 12 Zähnchen, von welchen die vorderen grösser und regelmässig, die hinteren aber ungleich waren; die linke mit nur vier gröberen und einem ganz kleinen Zähnchen am äusseren Theile des Randes; der dunkle innere zahnlos. Jederseits eine kleine schalenförmige Reibplatte.

Die Schenkel der beiden Unterkiefer-Hälften (Fig. 1 *E*) lang, relativ breit, divergirend, von kalkigem Aussehen. Sie verbreitern sich mässig nach vorne, nehmen dort eine bräunliche Färbung an und tragen eine

Endplatte, deren freier, heller Vorderrand links gerade, rechts vielleicht nur zufällig ausgerandet war. Die Antheile der Platte, welche den Schenkeln aufliegen, zeigen eine mit den in der Mittellinie convergirenden Hinterrändern parallele, wenig deutliche Streifung und eine bräunliche Farbe.

Diese Art ist die einzige bisher bekannte mit einfachen Kiemen, welche schon von dem ersten Ruder auftreten, versehene *Onuphis* (*sensu* Grube, 1878).

Gefunden an der Ostküste der Insel Eno-sima (Dr. Koerbl).

Eunice congesta n. sp.

Taf. IV. Fig. 2.

Ein intactes Exemplar lag nicht vor. Aus Bruchstücken liess sich schliessen, dass diese Art bei 174 oder 191 Segmenten eine Länge von 90^{mm} oder 98^{mm} erreiche. Die grösste Breite betrug auf der Bauchfläche 4^{mm}; sie fand sich bald hinter dem Kopflappen. Der hochgewölbte Körper bleibt bis in kurzer Entfernung vor dem Ende gleichbreit; dann erst beginnt er sich zuzuspitzen. Die Thiere sind gegenwärtig ohne bemerkenswerthe Färbung, bleich, grau-gelblich.

Der Kopflappen bis über die Ansatzstelle der Fühler von dem Buccalsegmente bedeckt, der Vorderrand ziemlich tief eingeschnitten, von den Unterfühlern etwas überragt. Die Fühler sind ungegliedert, glatt. Der unpaare reicht zurückgelegt bis ins sechste Segment, die mittleren paarigen reichen bis an das Ende des vierten, die vordersten und äussersten paarigen sind etwas mehr als halb so lang wie die vorhergehenden. Die rundlichen Augen stehen hart an der äusseren Seite der Basis der mittleren Fühler.

Das erste ruderlose Segment ist an seinem ganzen Vorderrande etwas ausgeschnitten, somit seitlich länger. Es ist aber selbst in seiner Mitte dreimal länger als das zweite ruderlose und länger als dieses und das erste rudertragende zusammengenommen. Das zweite ruderlose Segment, von ihm durch eine seichte Furche geschieden, ist kürzer als das folgende erste, rudertragende. Es trägt zwei ungegliederte Fühlercirren, die um mehr als die eigene Länge von einander entfernt stehen und nach vorne nicht den Vorderrand des Buccalsegmentes erreichen.

Das Verhältniss der Länge der Segmente zur Breite war vorne auf der Bauchfläche wie 1 : 7, an den hinteren Segmenten etwas geringer.

Die Ruder (Fig. 2) sind kurze konische Fortsätze. Aus ihrem äusseren Rande tritt vor dem oberen Borstenbündel ein stumpfer Zapfen, welcher sich nach unten zwischen die zusammengesetzten Borsten erstreckt. Er entsteht selbstständig zwischen den beiden, die Borsten umgrenzenden Lippen des Ruders. Im oberen Bündel nur einfache, geflügelte, am Rand fein gesägte und einige meisselförmige Borsten und zwei derbe, helle, am Ende etwas gekrümmte und stumpfe Aciculen. Im unteren Bündel wenig zahlreiche, bis 10, zusammengesetzte Sichelborsten (Fig. 2 *A*). Der Schaft ist sowohl an der der Schneide der Sichel entsprechenden Seite des Endes, als auch an der schiefen Endfläche selbst deutlich echinulirt. Die Sichel führt einen kräftigen Zahn unter dem hakenförmigen Ende, über welchem die Deckblätter der Schneide zu einer feinen Spitze sich vereinigen; ihr Rand erscheint gebartet. Diesem Bündel entspricht gewöhnlich eine schief von oben nach abwärts laufende geschwungene Acicula (Fig. 2 *B*), deren gekrümmtes und etwas verjüngtes Ende in zwei stumpfe Zacken ausgeht, unter welchen ein sehr starker seitlicher Zahn steht. Das Ende erscheint somit dreizähnig. Es wird von Doppelblättern gedeckt. Ausnahmsweise sah ich zwei solcher Stützborsten. Die Farbe der Aciculen ist hell weingelb, die der Borsten noch lichter.

Die Rückencirren sind ungegliedert, kurz, nur an jenen Rudern kräftiger an Breite und Länge entwickelt, wo Kiemen stehen. Sie erreichen hier das Ende der oberen Borsten oder überragen es etwas. Nach dem 51. Segmente werden sie viel unansehnlicher und kürzer. In ihre Basis dringen einige Capillarborsten ein. Der Bauchcirrus dicker, stumpfkonisch. Er trägt an seinem Ende mehr minder deutlich einen kleinen kugelförmigen Aufsatz und überragt das Ruder.

Die Kiemen sind auf die vordersten Segmente beschränkt.

Sie beginnen rechts am 9., links am 10. Segmente (7. und 8. Ruder) und hören rechts am 49., links am 51. Segmente auf. Am 9. und 10. Segmente bestehen sie aus nur einem Faden, am 11. aus zwei, weiter aus vier und am 15. aus zehn. Die Zahl der Faden steigt dann noch bis auf 15—18. An einem Exemplare hatte die Kieme des 48. Segmentes noch zehn Faden, die des 49. acht, die des 51. drei. An einem Bruchstücke zeigt die letzte Kieme ebenso drei und die vorletzte 13 Faden. Diese Art besitzt demnach im Ganzen rechts 41, links 42 Kiemen.

Das Aftersegment ist etwas länger als die beiden unmittelbar vorhergehenden Segmente zusammengenommen. Die Cirren waren nicht erhalten.

Die Theile des Kieferapparates (Fig. 2 C) sind hell gefärbt. Die Träger halb so lang als die Zangen, an ihrem vorderen und inneren Rande dunkelbraun gefärbt. Die ziemlich stark gekrümmten Zangen in ihrer vorderen Hälfte dunkler. Der rechte Zahn mit neun Zähnchen, von welchen die zwei hintersten jedoch unansehnlich sind, der linke mit sechs. Die unpaare Sägeplatte links hat fünf vorspringende Sägezähne, von den paarigen jene rechts sieben, die linke sechs. Beide besitzen noch einen längeren, nach hinten gerichteten, ungezähnten Rand. Sie legen sich an eine tief dunkelbraun gefärbte Chitinlamelle. Jederseits zwei ungleich grosse Reibplättchen. Der schief von aussen nach innen verlaufende Rand des vorne verbreiterten Unterkiefers (Fig. 2 D) war ausgezackt, in seiner linken Hälfte dreizählnig, in seiner rechten zweizählnig. Die Schenkel gerade, hinten zugespitzt. Sowohl das vorderste Ende, als die aufgesetzten Platten zeigen eine Streifung. Es ist wie die Schenkel kreideweiss, die Platten hingegen waren etwas bräunlich gefärbt, mit einer dunklen Stelle an ihrem inneren Rande.

Gefunden an der Ostküste der Insel Eno-sima (Dr. Kuerbl).

Eunice microprion n. sp.

Taf. V, Fig. 4.

Dem einzigen Exemplare fehlte der Hinterleib. Die Länge betrug 180^{mm} bei 144 Segmenten, die Breite im Buccalsegmente 4^{mm}, im 20. Segmente 5·5^{mm} und gegen das Ende zu wieder 4^{mm}. Die Farbe ist gegenwärtig ein helles Braun, wie es gewöhnlich bei Arten dieser Gattung durch Verblassen einer im Leben weinrothen Färbung zu entstehen pflegt. Das Buccalsegment und die Vorderränder der vier nächsten Segmente sind heller, eine lichte Binde über irgend ein Segment war nicht zu erkennen.

Der Kopflappen bis über die Ansatzstelle der Fühler von dem langen Buccalsegmente überdeckt, der Vorderrand ziemlich tief eingeschnitten, von den Unterfühlern etwas überragt. Die Fühler sind stark geschrumpft, ihre Conturen daher unregelmässig wellig. Trotz dieses Zustandes lässt sich aber bei Anwendung von Vergrösserungen erkennen, dass sie ganz undeutlich gegliedert sind. Die Glieder sind lang.

Der unpaare Fühler reicht zurückgelegt bis über den Anfang des sechsten Segmentes, die mittleren paarigen ragen noch in das fünfte Segment hinein, die vordersten und äussersten paarigen sind um nicht viel kürzer als diese. Hinter ihrer Basis stehen die rundlichen Augen.

Das erste ruderlose Segment ist so lang als das zweite, dritte, vierte und die erste Hälfte des fünften Segmentes zusammengenommen. Das zweite ruderlose Segment ist kaum halb so lang als das erste rudertragende (dritte) Segment. Es trägt zwei Fühlercirren, die etwas näher aneinander stehen als die eigene Länge ausmacht. Sie überragen etwas den Vorderrand des Buccalsegmentes und reichen nach hinten bis an den Hinterrand des vierten Segmentes. Sie gleichen an Gestalt und Bildung den Fühlern.

Das Verhältniss der Länge zur Breite der Segmente war auf der Bauchfläche vorne 1 : 9, an den hintersten Segmenten 1 : 4.

Die Ruder (Fig. 1) sind kurz; an ihrem äusseren Rande ist ein ähnlicher Zapfen zu bemerken, wie bei vorhergehender Art. Im oberen Bündel nur einfach geflügelte, am Rande fein gesägte und einige meisselförmige Borsten, gestützt von zwei nahezu schwarzen Aciculen, welche weit aus dem Ruder vorragen. Ihr Ende ist stumpf. Im unteren Bündel etwa zehn zusammengesetzte Sichelborsten (Fig. 1 A). Der breite Schaft ist an dem der Schneide der Sichel entsprechenden Seite seines Endes, sowie an der schiefen Endfläche fein gestreift oder gefaltet. Auf der Fläche selbst eine gut ausgeprägte diagonale Streifung. Unter dem gekrümmten Ende der Sichel ein starker, mit breiter Basis entspringender Zahn. Die Deckblätter überragen etwas die Spitze der Sichel; ihr Rand ist nur in seinem hinteren Theile undeutlich gehartet. Diesem Bündel entspricht eine ebenso dunkelgefärbte, schief von oben nach unten verlaufende Acicula, welche vor dem schwach haken-förmigen Ende einen sehr grossen Zahn trägt (Fig. 1 *B*); sie wird von Doppelblättern gedeckt. Den ersten 32 Rudern fehlt diese Acicula. Die Farbe der Sichelborsten ist weingelb, die der einfachen viel heller.

Die an der Basis sehr breiten **Rückencirren** zeigen unter dem Mikroskope eine undeutliche Gliede-rung; die Glieder sind lang. Die Cirren überragen die Enden der oberen Borsten um das Doppelte und sind etwas kürzer als die halbe Breite der Bauchfläche. Dieses Verhältniss bleibt nahezu dasselbe an den hinteren Segmenten, wenn sie auch dort kürzer sind als an den vorderen. In ihre Basis dringen einige Capillarborsten ein. Der, zumal an den vorderen Rudern dicke, stumpfkonische **Bauchcirrus** trägt einen kurzen, schmäle-ren, abgerundeten Aufsatz. An den hinteren Rudern wird der Bauchcirrus schlanker, und es verschwindet das verschmälerte Ende. Er überragt das Ruder.

Die **Kiemen** finden sich noch auf dem letzten vorhandenen (142.) Ruder. Sie beginnen am sechsten Segmente (viertes Ruder). Die ersten Kiemen zeigen drei Faden. Die Zahl der Faden steigt sodann rasch bis zu acht (11. Ruder) und nimmt darnach wieder ab (6 Faden am 30. Ruder). Die überwiegende Anzahl der Kiemenfaden war vier. Die letzten Kiemen besassen noch drei. Man sieht daher nur eine ganz kurze Strecke (etwa 20^{mm}) die Seiten des Körpers von besser entwickelten Kiemen besetzt. Die Kiemen reichen nicht an die Mittellinie des Rückens hinan.

Die Theile des **Kieferapparates** (Fig. 1 *C*) sind bis auf die hellen Platten des Unterkiefers sehr dunkel gefärbt. Die Träger sind im Verhältnisse zu den langen schlanken, wenig gekrümmten **Zangen** kurz, letztere 2$^1/_2$ Mal länger. Der rechte Zahn wird fünf weniger ausgebildeten, der linke mit sechs regelmässigen Zähnchen. Die unpaare Sägeplatte links ist auffallend klein; sie ist mit einem kleinen vordersten und vier dahinter stehenden gröberen Zähnchen versehen. Von den paarigen Sägeplatten lässt die rechte längere sieben, die linke vier Zähnchen erkennen, welche etwas mehr als die Hälfte des Randes einnehmen. Sie stossen mit ihren Rücken an eine dunkelbraun gefärbte Chitinlamelle. Jederseits zwei ungleich grosse Reibplättchen. Das kleinere linke war auffallend halbmondförmig. Der vordere verbreiterte Theil des Unter-kiefers (Fig. 1 *D*) ist hell, emailartig, ebenso sind die aufgesetzten Platten licht; die etwas nach hinten divergirenden Schenkel hingegen sind dunkel gefärbt. Der Vordertheil des Unterkiefers zeigt eine mit dem Aussenrande parallele Streifung, sein Vorderrand ist ausgezackt. Man bemerkt rechts vier, links drei Zacken. Die aufgesetzten Platten lassen nur ganz undeutlich einige mit ihrem äusseren und inneren Rande concentrische Linien erkennen.

Gesammelt von **Dr. A. v. Roretz.**

Lysidice collaris Ehrbg., Gr.

Taf. V, Fig. 2.

Grube E., Beschreibungen einiger von Georg Ritter v. Frauenfeld gesammelten Anneliden und Gephyreen des rothen Meeres. Verhandl. d. k. k. zool.-botan. Gesellsch. Wien 1868, p. 633.

„   „   Beschreibungen neuer oder weniger bekannter von Herrn Ehrenberg gesammelter Anneliden des rothen Meeres. Monatsber. d. k. preuss. Akad. d. Wiss. zu Berlin, aus dem Jahre 1869. Berlin 1870, p. 495.

„   „   *Annulata Semperiana.* Mém. de l'Acad. imp. de sciences de St. Pétersbourg. VII. sér. Tome XXV, Nr. 8. St. Peters-bourg 1878, p. 166 d. Sep.[1]

Die Beschreibungen und nachträglichen Ergänzungen dieser Art passen ganz gut auf die mir vorliegende *Lysidice*, nur hinsichtlich des Kieferapparates finde ich einiges Abweichende von den letzten Angaben Grube's,

---

[1] Ob *L. collaris* mit *L. robusta* Stimpson (1855) zu vereinigen ist, wird wohl erst nach abermaliger Untersuchung von Exemplaren aus Sydney mit Gewissheit zu entscheiden sein, dass aber eine Gliederung der Fühler, wie Stimpson angibt, in Folge Contraction auftreten kann, beobachtete ich an meinem Materiale selbst.

während die im Jahre 1869 veröffentlichten stimmen. Ich werde desshalb in eine genauere Erörterung der Kiefer eingehen.

Diese Art erreicht, nach Bruchstücken zu urtheilen, noch eine etwas bedeutendere Grösse als die der von Grube gesehenen Exemplare. Zwei vollständige Individuen massen schon 92^{mm} und 95^{mm} und besassen 201 und 190 Segmente. Entsprechend der Länge hatte auch die Breite etwas zugenommen. Bemerken muss ich, dass der Körper nach hinten nicht sehr zugespitzt erschien, da die Bauch-Breite am 10. letzten Segmente noch nahezu 2^{mm} betrug.

Die Augen sind, wie auch Grube anzunehmen geneigt ist, eigentlich confluirte Doppelaugen; ich sehe ein kleineres vorderes und ein grösseres hinteres und äusseres.

In dem oberen Borstenbündel fand auch ich immer einige meisselförmige Borsten mit Kammzähnen. Ich gebe die Abbildung einer zusammengesetzten Borste des unteren Bündels, welche den gewöhnlichen Bau zeigt, bei starker Vergrösserung (630. 1) (Fig. 2).

Ober- und Unterkiefer sind kräftig entwickelt (Fig. 2 A). Die Zangen verhältnissmässig breit, mit einem Vorsprunge nach innen, etwas länger als ihre Träger. Diese verbreitern sich in ihrer hinteren Hälfte in eine dünne Chitinlamelle. Von den Zähnen zeigt eigentlich nur der linke deutlich vier weisse stumpfe Zähnchen, von welchen jedoch das unterste sehr schwach entwickelt ist; rechts bemerkt man drei grobe Zähnchen, und entsprechend dem untersten des linken Zahnes, nur eine fast unmerkliche Andeutung eines solchen. Hingegen findet sich vor und ober dem ersten groben Zähnchen ein ganz kleines, und, wie ich nach einem zweiten Präparate urtheile, manchmal fast gar nicht zu erkennendes erstes Zähnchen. Da die Zähne nach der Fläche gekrümmt sind, so kommt dieses erste Zähnchen auch schwer zur Ansicht und kann leicht übersehen werden. Von den kurzen, derben zwei Gabelfortsätzen des Hinterrandes der Zähne ruht der innere nicht direct auf den Zangen, sondern auf einem eingeschobenen ovalen Chitinstücke, das fest mit diesen verbunden ist. Von den paarigen Sägeplatten weist die rechte fünf, die linke kleinere nur drei Zähnchen auf; die unpaare ist mit drei ganz kleinen versehen. In dem zweiten Präparate war sowohl an den paarigen Sägeplatten, als an den unpaaren der Rand fast gar nicht eingekerbt. Die Reibplättchen verhältnissmässig gross, abgerundet viereckig. Zangen und Zähne sind in Obensicht dargestellt. Die Sägeplatten sind aus ihrer normalen Lage, einer auf die Ebene der Zähne Senkrechten, in die ideelle Ebene jener projirirt, auseinandergerückt und somit von ihrer inneren, respective der hinteren Seite dargestellt. Sie sind ferner wie die Zähne flach gezeichnet, während sie doch schalenförmig sind.

Der Unterkiefer (Fig. 2 B) wurde in seiner linken Hälfte gleichfalls in Obensicht gezeichnet. Der innere Rand ist dunkler braun, das Übrige hell; er verlauft gerade. Der vordere Rand zugeschärft, aber nicht eingekerbt. Der äussere Rand. in seinem vorderen Antheile sanft nach oben gewölbt, trägt hier eine wenig gebogene tiefbraune, fast schwarze, erhabene Chitinleiste, welche sich leicht abtrennt.

Gefunden an der Ostküste der Insel Eno-sima (Dr. Koerbl).

Lumbriconereis japonica n. sp.

Taf. V, Fig. 3.

Körper unvollständig, mit nur 60 rudertragenden Segmenten, 24^{mm} lang, etwas über 2^{mm} breit (ohne Ruder), hinter dem Kopflappen und in den letzten Segmenten schmäler. Der Rücken stärker, die Bauchfläche weniger gewölbt. Farbe: dermalen dunkel röthlichgrau, Haut lebhaft irisirend; im Leben soll die Farbe nach Dr. Koerbl weisslich gewesen sein.

Der Kopflappen abgestumpft, konisch, länger als breit, so lang als die beiden ruderlosen und das erste rudertragende Segment zusammengenommen, augenlos. Die Nackenwülste springen nicht vor. Die Unterlippe deutlich gekerbt.

Von den beiden ruderlosen Segmenten ist das erste kaum merklich länger als das zweite. Die Mundpolster kräftig entwickelt, etwas kürzer als die vereinigte Länge der zwei ersten Segmente auf der Bauchfläche ausmacht.

Im 37. Segmente betrug die Breite etwa das Fünffache, im 60. das Dreifache der Länge.

Die Ruder (Fig. 3) bestehen aus einer kürzeren abgerundeten Vorderlippe und einer doppelt so langen, mehr konischen Hinterlippe; diese ist an den vorderen Segmenten mehr zusammengedrückt, dann dicker. Am Rücken des Ruders, nahe dem Ursprunge eine kaum merkliche Erhebung, gegen welche die Spitzen von drei sehr feinen Borsten gerichtet sind — das Rudiment des Rückencirrus.[1] In den 20 ersten Rudern finden sich gesäumte Haarborsten (Fig. 3 *B*) und zusammengesetzte Borsten (Fig. 3 *A a*). Die ersteren sind breit geflügelt und mit scharfer Strichelung versehen. Die Farbe beider ist hell weingelb.

Im 21. Ruder verschwinden die Sichelborsten; an ihre Stelle treten etwas kräftigere einfache, welche auf jene zurückzuführen sind, wenn man sich eine Verwachsung zwischen Schaft und Endstück eingetreten denkt (Fig. 3 *A, b*); auch die Zahl der gesäumten Haarborsten wird von hier ab immer geringer, nach dem 34. Ruder fehlen sie ganz, so dass nunmehr alleinig die einfachen, am Ende hakenförmigen Borsten vorhanden sind. Mit dem Wechsel der Borstenform geht auch eine Abnahme der Zahl in den Rudern vor sich. Während in den vorderen Rudern (z. B. im 10.) 11 Borsten, und zwar oben fünf Haarborsten, sodann fünf zusammengesetzte Borsten und unten wieder eine Haarborste sich finden, ist das 60. Ruder nur mehr mit vier einfachen hakenförmigen Borsten versehen. Die Borsten werden von dunkelbraunen Aciculen gestützt, vorne vier, auch fünf, im 60. Ruder nur zwei.

Die Theile des Oberkiefers (Fig. 3 *C*) sind fast durchaus dunkelbraun, ins Schwarze gefärbt. Die Zangen nicht 1½ mal so lang als die Träger, an den Spitzen durchsichtig wie die Zähnchen der Zähne; jederseits neben den Zangenarmen eine bandförmige Reibplatte. Die Zähne (Max. II) mit kräftigen und hohen Zähnchen, von welchen das oberste (vorderste) sehr klein; rechts sechs Zähnchen, indem sich nach dem zweiten noch ein rudimentäres einschiebt, links fünf. Die Schneide des Zahnes zieht sich nach hinten in einen langen und ziemlich schmalen Fortsatz aus. Die erste Sägeplatte (Max. III) mit zwei, die zweite (Max. IV) mit einem Zähnchen; vor dieser eine kleine dreieckige Reibplatte. Die beiden Hälften des Unterkiefers (Fig. 3 *D*) in der Mittellinie sehr dicht aneinanderliegend, gleichsam verwachsen. Der Vorderrand mit vier groben Zähnen oder zahnartigen Hervorragungen. Hinter dem äusseren Zahne des Vorderrandes ein bräunlicher Fleck, von welchem ein System concentrischer, nach vorne concaver Linien ausgeht. Ausserdem ist der glasartige Unterkiefer der Länge nach gestreift und in seiner hinteren Hälfte mit einer holzfladernartigen Zeichnung versehen (in Figur 3 *D* ist hievon natürlich nur die eine Hälfte sichtbar).

Gefunden an der Ostküste der Insel Eno-sima (Dr. Koerbl).

Lumbriconereis heteropoda n. sp.

Taf. V, Fig. 4; Taf. VI, Fig. 4.

Körper mit 240 Segmenten, 120″″ lang, in der Mitte 3″″ breit (ohne Ruder), hinter dem Kopfe schmäler, gegen das Leibesende sich allmälig verjüngend, ziemlich rundlich, die Rückenfläche jedoch stärker gewölbt als die Bauchfläche. Farbe jetzt gelbgrau mit schwachem Bronzeglanze auf der Mitte des Rückens. Die Farbe des lebenden Thieres war nach Dr. Koerbl röthlich.

Der konische Kopflappen ziemlich spitz, gross, länger als breit, so lang oder etwas länger als die drei ersten Segmente, augenlos. Die Nackenwülste springen nicht vor. Die Unterlippe nicht deutlich gezähnelt. Die beiden ruderlosen Segmente unter sich nahezu gleich lang; das einzelne kürzer als die rudertragenden Segmente. Die Mundpolster mässig entwickelt.

Die Segmente sind durchschnittlich etwas über 1″″ lang, vorne und hinten kürzer.

Die Ruder zeigen nach den Regionen des Leibes Abweichungen, und zwar geringe hinsichtlich der totalen Länge, bedeutendere in Bezug auf die Ausbildung der Hinterlippe. An den vorderen Rudern ist die Hinterlippe

---

[1] Grube constatirte gleichzeitig mit mir das Vorhandensein eines winzigen Rückencirrus bei *Lumbriconereis* und nahm diesen Befund in die neue Charakteristik dieser Gattung auf. (Siehe die während des Druckes vorliegender Arbeit erschienene: Fortsetzung der Mittheilungen über die Familie der *Eunicea* aus dem 56. Jahresber. d. schles. Gesellsch. f. vaterländische Cultur. Jahrg. 1878. Breslau.

von vorne nach rückwärts zusammengedrückt, von oben gesehen schmal, am Ende etwas angeschwollen, die Vorderlippe kurz, fast gar nicht vorspringend. Allmälig wird die Hinterlippe dicker, aber etwas kürzer, und indem auch die Vorderlippe sich mehr entwickelt, wird die Differenz in der Länge zwischen beiden verringert; erstere überragt jedoch diese stets. Diese Übergänge bilden sich bis etwa zum 40. Ruder heraus; von hier ab bleibt diese Form bis weit nach hinten (Taf. V, Fig. 4). Die Hinterlippe ist konisch und sanft nach oben gebogen. Die 20 vorderen Ruder sind etwas kürzer als die folgenden, die 50 letzten etwa haben wieder ein anderes Gepräge; sie sind viel länger als die früheren. Die Hinterlippe zeigt sich von oben als ein relativ langer fingerförmiger, nach hinten gerichteter Fortsatz, der etwa die Hälfte der Länge, vom Ursprunge des Ruders bis zum Vorderrand der nur wenig vorspringenden Vorderlippe gemessen, ausmacht. Auf dem Rücken des Ruders ein in der Mitte des Leibes ganz ansehnlich entwickeltes höckerförmiges Cirrus-Rudiment, dem bis fünf (meist vier) zarte Borsten entsprechen, die zwar ihre eigene Scheide besitzen, nicht aber von Muskeln begleitet werden.

In den ersten 35 Rudern finden sich nur gesäumte Haarborsten (Fig. 4 *I*) mit nicht sehr breitem Saume und zarter Strichelung, und zwar anfangs 13, dann abnehmend bis zu acht. Im 36. Ruder treten neben diesen Borsten einfache hakenförmige (Taf. VI, Fig. 1) auf, deren Schaft viel breiter ist. Die Zähnelung an der Spitze ist bis auf zwei gröbere Zähne nicht immer deutlich. Die Farbe beider Borstenarten ist hell weingelb, die hakenförmigen sind aber dunkler und werden selbst bräunlich. In den vorderen Rudern finde ich zwei, in den hinteren nur mehr eine nicht dunkle Acicula. Die Haarborsten werden zwar vom 36. Ruder an von der zweiten Borstenform nach und nach verdrängt, gehen aber bis in die hintersten Ruder. So sehe ich noch im 200. eine solche, allerdings sehr zart entwickelte, neben vier hakenförmigen; es waren hier somit fünf Borsten im Ganzen, woraus auch auf die allmälige Reduction der Borsten nach hinten geschlossen werden kann.

Die Theile des Oberkieferapparates (Taf. VI, Fig. 1 *A*) durchaus dunkel gefärbt. Die Zangen mehr als zweimal so lang wie die Träger, an den Spitzen durchsichtig wie die Zähnchen der Zähne; jederseits neben den Zangen eine bandförmige Reibplatte. Die Zähne (Max. II) kurzschneidig, mit dicht aufeinanderfolgenden Zähnchen, jederseits nur vier. Die Schneide zieht sich nach hinten in einen nur kurzen Fortsatz aus. Die erste Sägeplatte (Max. III) mit zwei, die zweite (Max. IV) mit einem Zähnchen; davor jederseits eine kleine, helle, dreieckige Reibplatte. Die beiden Hälften des Unterkiefers (Taf. VI, Fig. 1 *B*) liegen nicht dicht aneinander. Der Vorderrand etwas ausgeschweift, jedoch ungezähnt; fünf vor der Mitte des Unterkiefers aufhörende braune Streifen begleiten denselben. Die hintere Partie jeder Unterkieferhälfte median tiefbraun gefärbt.

Aftercirren waren keine vorhanden.

Gefunden in der Bai von Miya (Dr. Koerbl).

Fam. GLYCEREA Gr.

Glycera opisthobranchiata n. sp.

Taf. VI, Fig. 2.

Ein vollständiges Exemplar mit 290 rudertragenden Segmenten 200ᵐᵐ lang, in der Mitte ohne Ruder 5ᵐᵐ breit, ein zweites mit regenerirtem Aftersegmente und 194 rudertragenden Segmenten 120ᵐᵐ lang. Der Körper ohne auffällige Verbreiterung in dem vorderen Antheile. Segmente zweiringelig. Eine seichte Längsfurche am Rücken und an der Bauchfläche; dessen Mittelfeld und die zwei Seitenfelder gut ausgeprägt. Ersteres ist schmäler wie diese und nicht so deutlich geringelt. Die Färbung ist etwas dunkelgrau-röthlich, am Bauche im Mittelfelde heller.

Das Endstück des Kopflappens 11ringelig, beiläufig so lang als breit, der Länge der sechs ersten Segmente gleichkommend. Die vier Fühler kurz und stumpf. Das Grundstück nicht scharf geringelt. Palpen eingezogen.

5 *

Die Segmente in der Leibesmitte etwa fünfmal so breit als lang, nach rückwärts allmälig verschmälert, wobei der vordere Ringel sich etwas verkürzt.

Die zwei ersten Ruder unvollständig, ohne Rückencirrus, die folgenden bis nach hinten gleich gebildet. Die Ruder (Fig. 2) sehr kurz und plump, nur um Weniges länger als hoch, ohne Borsten nahezu viermal in der Breite der Segmente enthalten; auch die hinteren nur mässig länger als die vorderen. Von den zwei abgerundet-konischen, vorderen Lippen, welche durch einen tiefen Einschnitt von einander getrennt sind, ist die obere etwas länger als die untere. Beide überragen die zwei Hinterlippen. Diese sind nur durch eine seichte Einbuchtung von einander getrennt, demnach sehr kurz und breit abgerundet. Die untere ist ein klein wenig kürzer als die obere. Das obere, aus einfachen Borsten zusammengesetzte Bündel ist kürzer als das untere. Dieses, die zusammengesetzten Borsten enthaltend, ragt nicht so weit vor als das Ruder lang ist. Die beiden Zinken des Schaftendes sind nahezu gleich lang. Die Tiefe des Ausschnittes beträgt 0·024"", die Weite 0·015"". Der Grätenanhang ist, wie die Haarborsten, fein echinulirt, seine dünne Schneide gesägt. Der Rückencirrus steht hart am Ursprunge des Ruders. Er ist kurz, cylindrisch, am Ende abgerundet. Der Bauchcirrus, von der Mitte des unteren Ruderrandes mit breiter Basis entspringend, ist von der Gestalt der hinteren Ruderlippen, nur viel kleiner und so kurz, dass dessen freies Ende kaum an die Mitte des unteren Randes der unteren, hinteren Lippe heranreicht.

Die Kiemen sind dendritisch und stehen etwas nach unten und aussen vom Rückencirrus auf der Hinterseite des Ruders. Aus einem kurzen Hauptstamme entwickeln sich zwei starke secundäre Stämme, welche sich dichotomisch verzweigen. An gut entwickelten Kiemen zähle ich 12 kurze abgerundete Endzweigchen, welche über den oberen Rand des Ruders etwas vorragen. An den vorderen und hinteren Segmenten ist die Verästelung ärmer. Die Farbe der Kiemen ist dunkler als jene der benachbarten Theile.

Das Aftersegment stumpf, konisch, wenig länger als das vorhergehende Segment mit zwei dicken Aftercirren, die etwa zweimal so lang sind als jenes.

Der vorgestreckte Rüssel bei dem einen Exemplare 45"", bei dem anderen 22"" lang. Die Papillen durchschnittlich 0·066"" lang und 0·036"" breit, stumpf-lanzettlich. Hinter den Kiefern ein Kreis schwacher Erhöhungen (18), auf welchen mehr minder deutlich hinter einander zwei Knötchen stehen. Der Kiefer mässig gekrümmt, der stabartige Theil des Flügelfortsatzes gut entwickelt.

Gesammelt von Dr. A. v. Roretz.

Glycera decipiens n. sp.

Taf. VI, Fig. 3.

Unter 10 vorliegenden Exemplaren war nur ein einziges vollständig; den anderen fehlte das hintere Ende des Leibes. Es hatte bei einer Länge von 58"" 175 Segmente. Der Körper war im ersten Viertel bei ausgestülptem Rüssel breiter (etwas über 4"") als weiter nach rückwärts, aufgebläht, hochgewölbt, sodann im 2"" breit, nach hinten immer mehr abnehmend, so dass die Breite in einer Entfernung von 5"" vor dem Leibesende nur 1"" beträgt. Unter den unvollständigen Exemplaren mass das längste 90"", zählte 143 rudertragende Segmente und war ohne Ruder 4"" breit; ein kleines hatte bei einer Breite von 1·5"" eine Länge von 52"" und 128 rudertragende Segmente. Bei allen ist der Rücken hoch gewölbt, der Körper nach vorne wenig verjüngt, mit obiger Ausnahme nicht aufgeblasen und überhaupt, soweit nach dem Vorhandenen zu urtheilen, ziemlich gleichbreit. Die Ringelung der Segmente ist zwar überall deutlich zu erkennen, nicht aber immer so scharf wie bei anderen Arten. Namentlich ist dieselbe auf der Bauchfläche und insbesondere in dessen Mittelfelde, das schmäler als die Seitenfelder ist, weniger ausgebildet. Eine dorsale Längsfurche ist vorhanden, fehlt nie dem Endstücke des Kopflappens, tritt aber erst ein Stück hinter diesem auf dem Leibesrücken auf. Die Farbe der lebenden Thiere nach Dr. Koerbl röthlich. Gegenwärtig sind sie heller oder dunkler gelb und einige zeigen schwachen Perlmutterglanz.

Das kegelförmige Endstück des Kopflappens aus 10 wohl entwickelten, relativ langen Abschnitten zusammengesetzt; nur schien mir an einem oder dem anderen Individuum das letzte Glied nochmals getheilt, so dass man auch 11 Ringe annehmen könnte. Die Länge des Endstückes war je nach dem Contractionszustande verschieden. Man kann sagen, dass es 1½mal bis nahezu zweimal so lang als an der Basis breit ist und der Länge der ersten 6—8 Segmente gleichkommt. Das Grundstück ist mehr minder deutlich dreiringelig. Die vier zarten Fühler so lang oder etwas länger als der letzte Abschnitt des Endstückes. Die Palpen waren nicht sichtbar.

Die Segmente sind im vorderen Antheile des Leibes kurz, etwa fünf- bis sechs- oder auch achtmal breiter als lang, wachsen aber sodann in die Länge, so dass sie bei ziemlich gleicher Breite des Körpers nur vier- oder fünfmal breiter als lang sind. Die Ringel sind, soweit die Thiere erhalten waren, gleich lang.

Die Ruder liefern das beste Merkmal zur Erkenntniss der in Folge des Verschwindens der Kiemen an einzelnen Individuen leicht misszudeutenden Art. Sie nehmen von vorne nach hinten an Länge zu, an Höhe ab; auch stehen sie anfangs gedrängter. Ihr Verhältniss zur Breite des Körpers ist nach der Grösse und dem Grade der Contraction des Leibes verschieden. So waren sie an dem grössten Exemplare, dessen Dimensionen oben angegeben wurden, vorne viermal, hinten drei- und zweimal kürzer als dessen Breite; bei dem kleinen betrug ihre Länge vorne kaum die Hälfte, vor dem wenig schmäleren Ende etwa Dreiviertel der Leibesbreite. Bei dem vollständigen Individuum waren sie an dem aufgeblähten Abschnitte des Körpers in der Leibesmitte dreimal kürzer als die Segmente breit sind. Sie verlängerten sich sodann, dass sie im letzten Viertel die Breite der Segmente übertreffen, und erst an den allerletzten Segmenten werden sie wieder kürzer. Dem ersten rudimentären Ruder fehlt der Rückencirrus. Auch die 10 bis 12 folgenden sind insofern unvollständig, als sich die Hinterlippen, und zwar besonders die obere, erst allmälig entwickeln. Sie weichen ferner durch die relativ grosse Länge der Vorderlippen ab. Die vollständigen Ruder sind vorne nicht ganz zweimal, nach hinten bis über dreimal so lang als hoch. Die Ruder der vorderen Körperhälfte sind beträchtlich verschieden von denen der hinteren Körperhälfte, und wird dieser Unterschied durch Übergänge allmälig angebahnt. Bei den ersteren ist die obere Vorderlippe gross, konisch, mit etwas gekrümmtem Rückenrande (Fig. 3); sie überragt die untere Vorderlippe. Diese gibt der oberen an ihrem Ursprung nichts an Höhe nach und ist hier durch einen stark vorgewölbten Unterrand ausgezeichnet; aber schon in geringer Entfernung von der Basis verengt sie sich zu einem niedrigen lanzettlichen Blatte. Die obere Hinterlippe ist kürzer als die Vorderlippen, zugespitzt, herzförmig, mit stärker convexem Oberrande. Ihre Form ist sehr charakteristisch und in jungen und alten Individuen gleich verlässlich ausgebildet. Die untere Hinterlippe bleibt ganz rudimentär — ein abgerundeter, fast gar nicht vorspringender Lappen. Der Bauchcirrus, blattartig, mit seiner Spitze nicht an die Basis des lanzettlichen Endlappens der unteren Vorderlippe heranreichend und nicht so weit als die obere Hinterlippe vorragend.

Die Ruder der hinteren Körperhälfte (Fig. 3 A) sich allmälig aus den vorderen herausbildend, zeichnen sich ausser durch ihre excessive Länge vor allem durch die Entwicklung der unteren Vorderlippe aus, welche alle anderen Fortsätze überragt. Die Lippen, wie der Bauchcirrus haben ihre oben geschilderten Formen verloren. Sie sind alle schlank, lanzettlich geworden; am wenigsten hat sich noch die obere Hinterlippe verjüngt, und sie bleibt auch an Länge hinter den anderen Lippen und dem Bauchcirrus zurück. Die untere Vorderlippe ist hier von der Basis an stetig zugespitzt. Der Bauchcirrus, von gleicher Gestalt, übertrifft sogar die obere Vorderlippe an Länge.

Die Borsten ragen nie so weit frei heraus als das Ruder lang ist. In einzelnen Fällen sah ich sie sogar auffallend kurz.

Die oberen Haarborsten erreichen zum Theil die Enden der unteren zusammengesetzten. An einfachen Borsten zähle ich meist sieben, aber auch 11 und 14; in den durch die Acicula getrennten Bündeln der zusammengesetzten drei und vier oder sieben und acht, sechs und neun, sechs und zehn, also zusammen 7—16, aber meist 15. Immer sind diese Borsten in dem unteren Bündel zahlreicher. Die Fläche der Haarborsten, sowie des grätenförmigen Anhanges ist echinulirt, der Rand fein gesägt. Beides zarter bei ersteren. Die starken Spitzen am Ende des Schaftes der zusammengesetzten Borsten sind ungleich lang. Die Tiefe des Ausschnittes, von der längeren Spitze an gemessen, beträgt durchschnittlich 0·036ᵐᵐ, aber auch 0·042ᵐᵐ, die

Breite 0·015"". Zwei Aciculen, wovon die untere stärker. Die Farbe der Borsten gewöhnlich etwas gelblich.

Der kurze cylindrische, von vorne nach rückwärts etwas zusammengedrückte Rückencirrus sitzt unmittelbar ober der Ursprungsstelle des Ruders, rückt jedoch in der hinteren Partie des Leibes mehr auf dessen Rückenrand. Er ist an den vorderen Rudern ansehnlicher, breiter und höher als an den weiter nach rückwärts gelegenen. Hinter der Basis des Bauchcirrus bemerkt man an den contrahirten Rudern einige vorspringende Hautwülste.

Die Kiemen stehen an der Vorderwand des Ruders. Sie sind stets einfach, fingerförmig und wenn entwickelt, sehr lang und breit. An einer ganzen Reihe grösserer Exemplare konnte ich keine Spur von ihnen entdecken, so dass ich diese anfangs für eine andere Art hielt, bis ich durch die vollständige Übereinstimmung im Bau der Ruder eines Anderen belehrt wurde. An solchen kiemenlosen Individuen bemerkte ich bei stärkerer Vergrösserung auf der Vorderwand des Ruders, dort, wo die Kieme stehen sollte, eine von einem sehr kurzen papillenartigen Vorsprung nach innen begrenzte, vertiefte Stelle. Vollkommen ausgebildete Kiemen fand ich an drei Exemplaren. Sie fehlten den 14, 16, 18 oder 24 ersten, ebenso den letzten Segmenten der verstümmelten Individuen und den 58 letzten des intacten Exemplares, so dass 87, 82, 71 oder 92 Ruder mit Kiemen versehen waren. Anfangs rudimentär, erreichen sie bald ihre stattliche Grösse und werden selbst so lang als das Ruder. Sie sind meist nach vorne und aussen gekrümmt.

Das Aftersegment etwas länger als die zwei vorangehenden Segmente. Die Aftercirren sehr lang und schlank, die Länge der neun letzten Segmente erreichend.

Der keulenförmige Rüssel mass bei einem Individuum von 86 Segmenten mit 42"" Länge und 3·5"" Breite, 12"". Er war an seiner Basis 3"", an seinem Ende 5"" breit. An dem oben erwähnten vollständigen Exemplare war der Rüssel 9"" lang. Die Kiefer sind schlank, mässig gekrümmt; der Ausläufer des Flügelfortsatzes ist lang. Die Papillen 0·039—0·045"" lang und 0·018—0·021"" breit, konisch oder lanzettlich; dazwischen einige wenige keulenförmige, breit abgerundete, doppelt bis dreimal so breite als jene.

Gefunden von Dr. Koerbl in der Bucht von Miya und auch in einem Exemplare gesammelt von Dr. A. v. Roretz.

Fam. STERNASPIDEA Carus V.

Sternaspis costata n. sp.

Taf. VI, Fig. 4.

Die Beschreibungen der wenigen nach dem „Thalassema scutatum" Ranzani's aufgestellten Arten der Gattung *Sternaspis* zeigen, dass der Bau der hieher gehörigen Thiere ein sehr gleichförmiger ist. So konnte Malmgren seine beiden Arten *St. assimilis* von der französischen Westküste und *St. islandica* von Island nur durch das Fehlen einer konischen, den After aufnehmenden Verlängerung des Hinterleibes von *St. scutata* unterscheiden und sie selbst untereinander dadurch, dass *St. assimilis* am Hinterleibe mit rauhen Längsstreifen versehen sei. Übrigens sei hier bemerkt, dass Prof. A. Marion in Marseille mir brieflich seine Überzeugung mitgetheilt, *St. islandica* Mgrn. sei nur die Jugendform des *St. scutata*.

Auch die japanische Form, deren grösste Exemplare 12"" lang und an der breitesten Stelle 5"" breit waren, lehnt sich auf das innigste an *St. scutata* an, so dass ich, um nichts Charakteristisches enthaltende Wiederholungen zu vermeiden, nur die Punkte anführe, wo Abweichungen stattfinden.

Die Farbe des Körpers ist dermalen grauröthlich, nicht so weiss wie bei der Mittelmeerform. Der Bauchschild ist hellbraun, rothbräunlich gefärbt, nicht so düster braunviolett oder braungrau wie bei *St. scutata*. Die Haut des Körpers ist dichter mit mikroskopischen Papillen besetzt.

Die Borsten der drei ersten Segmente sind etwas zarter und weniger gekrümmt; auch scheinen sie in etwas geringerer Anzahl aufzutreten. Der an der Grenze des fünften und sechsten Segmentes stehende Genitalanhang ist etwas weniger entwickelt. Der After findet sich inmitten einer ganz kurzen Erhebung. Nicht anders sehe ich dies bei *St. scutata*, was ich nur desshalb erwähne, weil die Bemerkungen Malmgren's in den Diagnosen seiner neuen Arten über eine konische Verlängerung des Hinterleibes übertriebenen Vorstellungen

Raum geben können. Bei schlecht conservirten Thieren mit schlaffer Haut ist diese Erhebung leicht vorzutreiben und scheint bedeutender. Die Kiemen scheinen nach der relativen Grösse der Polster, welchen sie aufsitzen, etwas zahlreicher zu sein. Die Polster sehen gestreckter, mehr nach hinten und unten verlängert aus. Die wesentlichsten Unterschiede aber liegen in dem Bauchschilde (Fig. 4). Der Hinterrand verläuft dort fast gerade, hier in der Mitte eingebuchtet. Jede Hälfte desselben ist bei *St. scutata* etwas breiter als lang, hier umgekehrt. Das hintere dreieckige Feld ist bei der Mittelmeerform fast eben so gross als das vordere, die Grenzen zwischen beiden häufig undeutlich; hier ist es viel kleiner und gut abgesetzt. Die Oberfläche ist bei ersterer fast glatt oder man sieht nur höchst undeutliche Spuren schief nach aussen ziehender Rippen; bei der *St. costata* hingegen sind deutliche erhabene Rippen, die von aussen nach innen an Grösse abnehmen, sichtbar. An der innersten Ecke jeder Platte bemerkt man ein kleines Feldchen, welches mit dem Wirbel einer Muschelschale verglichen werden kann. Dies ist bei unserer Art viel grösser als bei *St. scutata*. Auch an dem vorderen Felde der Platte ist ganz gut eine radiäre Streifung wahrzunehmen, und die mit dem Wirbelplättchen concentrischen Anwachsstreifen heben sich deutlich ab. Endlich bemerke ich noch kleine accessorische Plättchen, welche sich in den ausgeschweiften Vorderrand der Bauchplatte legen und den vorderen Contur zu einem mehr geraden machen. Sie fehlen bei *St. scutata*.

Gefunden in der Bai von Miya (Dr. Koerbl).

Fam. CHAETOPTEREA And. et M. Edw.

Chaetopterus[1] *cautus* n. sp.

Taf. VI. Fig. 5.

Vorderleib 20""" lang, circa 10""" breit (ohne Ruder), mit 10 rudertragenden Segmenten. Der vor der Mundöffnung liegende Körperabschnitt (Unterlippe) ragt über diese 4"" vor. Er wird an der Rückenseite von einem 1·5""" breiten, braunen Saum eingefasst und läuft dorsal vor dem ersten Ruder in einen freien, abgerundeten Lappen, an dessen Basis sich Ocellen vorfinden, aus. Die Tentakel 4""" lang.

---

[1] An allen Theilen der Erde sind Repräsentanten dieser so auffallend gebauten Gattung gefunden worden. Die Beschreibungen reichen jedoch fast durchwegs nicht aus, dieselben mit Sicherheit wieder zu erkennen, zumal wenn die Thiere von einem anderen als dem angegebenen Fundorte herrühren. Damit mag auch die grosse Anzahl der aufgestellten Arten und der Umstand, dass jede nur einen ganz kleinen Verbreitungsbezirk hat, erklärt werden. Es wurde namentlich auf die Gruppirung der Borsten und deren Darstellung viel zu wenig Gewicht gelegt. So existiren nicht einmal von dem sicherlich am häufigsten untersuchten *Ch. variopedatus* Ren. des Mittelmeeres verwendbare, genaue Abbildungen derselben. Die bisher aufgestellten Arten sind folgende:

Europa: 1. *Ch. (Tricoelia) variopedatus* Renieri. 1804. Adria. Prospetto della classe dei Vermi. p. XVIII. 2. *Ch. norvegicus* M. Sars. 1825. Norwegen. Beskr. og Jagtt. over Dyr ved den Bergensk. Kyst., p. 54, Tab. XI, Fig. 29 *a—h*. 3. *Ch. Sarsii* (Boeck C.) M. Sars. (1859? 1860). Norwegen. Forh. e Vidensk. Selsk. Christiania aar 1860, p. 87. 4. *Ch. insignis* Baird. 1864. Grossbrittanien. Trans. of the Linn. Soc. Vol. XXIV, p. 177, Pl. XLIX. 5. *Ch. Valencinii* Quatref. 1865. Normandie. Hist. nat. d. Annél. Tome II, p. 210, Pl. XII. 6. *Ch. Sarsii* Quatref. 1865. Bai von Biscaya. l. c. p. 213. 7. *Ch. brevis* Lespès. 1872. Marseille. Annales des Sciences nat. 5. sér., Tome XV, p. 63, Pl. IV. Diese Art wurde jedoch bereits von A. F. Marion als mit *Ch. variopedatus* Ren. zusammenfallend eingezogen.

Cap der guten Hoffnung: 8. *Ch. capensis* Stimpson. 1855. Proceed. Acad. Phil. Vol. VII, p. 391–393. 9. *Ch. kamaus* Schmarda. 1861. Neue wirbellose Thiere, p. 16, Taf. XIX, Fig. 166. 10. *Ch. afer* Quatref. 1865. l. c. Tome II, p. 215 (nur nach der Röhre). — Offenbar handelt es sich hier um eine dreifache Bezeichnung derselben Art.

Ceylon: 11. *Ch. appendiculatus* Grube. 1874. Proceed. of zoolog. Soc. p. 327.

Australien: 12. *Ch. lateus* Stimpson. 1855. Port Jackson. l. c. p. 391. 13. *Ch. macropus* Schmarda. 1861. Illavara, Neu-Süd-Wales. l. c. p. 17. 14. *Ch. australis* Quatref. 1865. Iles St. Pierre et St. François. l. c. p. 215 (nur nach der Röhre). Auch diese drei Arten dürften zusammengehören.

Amerika: 15. *Ch. pergamentaceus* Cuv. 1830. Westindien. Règne animal. II. éd. T. III, p. 208. 16. *Ch. antarcticus* Kinberg. 1866. Maghalaen-Strasse. Annal. nov. Ofvers. af kongl. Vetensk. Akad. Förhandl. 8. 338. Jüngst führt Grube von derselben Localität einen *Chaetopterus* an, den er von *Ch. variopedatus* Ren. nicht zu unterscheiden im Stande ist. (Anneliden-Ausbeute von S. M. S. Gazelle. Monatsber. d. k. Akad. d. Wissensch. Berlin 1877, p. 511.)

Die Ruder nehmen bis zum sechsten an Länge zu, sodann wieder bis zum zehnten ab. Doch ist das neunte immer länger als das erste, dieses 3″″, jenes 5″″ lang. Das 10. flügelförmige Ruder ist 14—16″″ lang, an der Basis 5″″ breit, von dem neunten deutlich abgerückt.

Die einfachen Borsten (Fig. 5 a—f), welche sich in den neun ersten Rudern finden, liegen in 2—3 Reihen und sind nicht nur nach der Körperregion, sondern auch in einem und demselben Ruder von mannigfacher Gestalt. Abgebildet sind Borsten des vierten und achten Ruders. Jene der ersten Ruder sind einförmiger, von der Form e, doch noch viel kräftiger. Wie bei den anderen Arten an der Basis des vierten Ruders, hier etwa 20—30, Borsten von tiefbrauner Farbe (a). Sie sind derb, ziemlich gleichbreit, an dem äusseren Ende abgestutzt und in einen Zahn vorgezogen. An zwei Exemplaren erschienen einige wenige an derselben Stelle auch am dritten Ruder.[1] In den hinteren Rudern werden die Borsten schmächtiger (e) und es tritt eine geschwungene Form (f) auf. In den dorsalen Enden der Ruder bemerkt man immer einige schmale Haarborsten, die auch beträchtlich vorragen können, und vereinzelte von regelmässiger Lanzettform. Die Oberfläche der verbreiterten Borstenenden erscheint bei stärkerer Vergrösserung von einem doppelten Systeme von Linien gestreift, feilenartig. Auch die dicken, braunen Borsten des vierten Ruders sind mit sehr feinen Spitzchen versehen. In dem 10. Ruder und allen des Hinterleibes sind nur Haarborsten als Stützen eingeschlossen, welche an ihrem basalen Ende breiter und stumpf sind.

Die einfachen flossenförmigen, ventralen, mit Hakenborsten versehenen Borstenwülste des neunten Ruders sind jederseits 4″″ breit. Am folgenden Segmente ein einziger in der Mitte vertiefter, 9″″ breiter Borstenwulst, durch Verschmelzung der jedem Ruder entsprechenden entstanden. Die Ränder werden von einer continuirlichen Reihe von Hakenborsten eingenommen; nur an den Seiten, wo die hintere Reihe der Hakenborsten zu der mehr geradlinig verlaufenden des Vorderrandes sich aufkrümmt, bleibt die Verbindung unterbrochen, ein Verhalten, das sich ebenso bei *Ch. variopedatus* Ren. findet und wohl auch anderen Arten gemein sein wird.

Die Hakenborsten (Fig. 5 A a) des 9. und 10. rudertragenden Segmentes sind mit sechs, seltener sieben freien Kammzähnen, von welchen der oberste oder die zwei obersten sehr klein sind und auch fehlen können, versehen.[2] Sowohl von der Spitze des Rückens der Hakenborsten, als auch von der äusseren Seite der Basis gehen deutliche hakenförmige Verlängerungen zum Ansatze chitinöser Sehnenfäden (soies tendons Claparède's) ab.[3]

Diese Hakenborsten waren am neunten und zehnten Ruder 0·084″″ lang und 0·036″″ breit. Dieselbe Art, nur kleiner, findet sich auf den Borstenwülsten des ersten und zweiten Mittelleibsegmentes, so am zweiten 0·081″″ lang, 0·033″″ breit. Eigenthümlicher Weise kommen sie auch in den sämmtlichen seitlichen Flösschen des Hinterleibes vor; nur haben sie bei vollkommen gleichem Charakter abermals an Grösse abgenommen (Fig. 5 A b).

Der Mittelleib mit vier Segmenten, 25—27″″ lang. Die Entfernung von dem ventralen Borstenwulste am letzten Segmente des Vorderleibes bis zu dem ersten Mittelleibsegmente betrug 13″″ und 16″″. Am Rücken bemerkt man in dem Raume zwischen der Basis der grossen letzten Ruder und dem Anfange des zweiten Mittelleibsegmentes unter einer zarten Bedeckung den in fünf oder sechs Falten oder Windungen gelegten Darm

---

[1] Dasselbe fanden ausnahmsweise M. Sars und G. O. Sars auch bei *Ch. Sarsii* (Boeck C.) Sars M. Bidrag til Kundskab om Christianiafjordens Fauna. Nyt. Mag. f. Naturvid. XIX. Bd. 1873, p. 261.

[2] Es legt sich nämlich stets bei den Hakenborsten der von mir untersuchten *Chaetopterus*-Arten der unterste Zahn so dicht an die abgerundete Basis oder verwächst fast mit ihr, dass dieser, wenn man von frei vorragenden Kammzähnen spricht, nicht mitgerechnet werden kann. So haben z. B. die Hakenborsten des Vorderleibes von *Ch. variopedatus* Ren. sieben freie Kammzähne, weil ich den untersten, mit der Basis vereinigten, übergehe. Frühere Autoren scheinen auch diesen Zahn mitgezählt zu haben. Man wird also bei einem Vergleiche meiner vorliegenden Beschreibung mit anderen stets zu meinen Angaben über die Zahl der Kammzähne einen hinzurechnen müssen.

[3] Diese Sehnenfäden meint offenbar auch R. Leuckart, wenn er bei Beschreibung seines *Ch. pergamentaceus* Cuv. (*Ch. variopedatus* Ren.) angibt: Die Haken haben die Gestalt von kleinen, ovalen Plättchen, die an dem einen Ende auf einem besonders langen, dünnen, rechtwinklig gebogenen Stiele aufsitzen. (Archiv f. Naturg. 15. Jahrg. 1849, p. 345.) Dasselbe gilt auch in Bezug auf *Ch. antarcticus* Kinberg, wo es heisst: uncinis ovalibus 5—7-dentatis, manubrio elongato, filiforme, valido. Annulata nova. Öfvers. af kongl. Vetensk. Akad. Förhandl. 1865, p. 336.

durchschimmern und oberhalb des ventralen Borstenwulstes des ersten Mittelleibssegmentes ein 6''' breites blindsackartiges Rudiment, welches den bis zu 13''' breiten scheibenförmigen Rückenanhängen des zweiten, dritten und vierten Segmentes des Mittelleibes entspricht. Der ventrale Borstenwulst des ersten Segmentes gleicht noch dem des letzten Vorderleibssegmentes, besitzt somit eine vordere und hintere Reihe von Hakenborsten. Der des zweiten, dritten und vierten Segmentes führt nur mehr solche an seinem hinteren Rande, während der vordere Rand immer mehr verkümmert; ganz verschwindet jedoch dieser erst am ersten Hinterleibssegmente.

Der folgende Zerfall des Borstenwulstes in zwei Hälften wird am dritten Segmente angedeutet. Der Borstenwulst des zweiten Segmentes ist von allen am schmälsten, der des dritten am breitesten. (Z. B. am ersten Segmente 8''', am zweiten 5''', am dritten 9''', am vierten 8'''). Dieselben Verhältnisse finden sich übrigens genau so bei *Ch. variopedatus* Ren.

Lateral an der Basis der Rückenanhänge des zweiten, dritten und vierten Mittelleibssegmentes stehen die von M. Sars bei den nordischen *Chaetopterus*-Arten entdeckten rudimentären Borstenwülste,[1] mit Hakenborsten, welche den seitlichen Borstenwülsten oder Flösschen des Hinterleibes entsprechen. Die Hakenborsten zeigen jedoch auffallender Weise eine andere Gestalt als die der entsprechenden Stelle des Hinterleibes. Während an dem ventralen Borstenwulste des ersten und zweiten Segmentes noch, wie erwähnt, dieselben Hakenborsten auftreten, nur etwas kleiner wie am letzten und vorletzten Vorderleibssegmente, sehen wir am dritten eine andere Form beginnen und in allen ventralen Borstenwülsten des Hinterleibes wiederkehren und diese ist es, welche sich dort vorfindet. Diese Hakenborsten (Fig. 5 *A c*) sind kleiner als die erste Art, 0·054—0·06''' lang und 0·021''' breit mit acht, selten neun oder zehn (obere sehr fein) freien Kammzähnen, ihr Rücken verläuft mehr gerade bis zur Basis. Fortsätze zum Ansatze der Sehnenfäden sind gleichfalls gut ausgebildet.

Der Hinterleib mit 30—34 Segmenten, circa 33''' lang. Die Ruder zart und kurz etwa 4''' lang; an einem Individuum an der Basis verhältnissmässig breit, an dem anderen schmäler, je nach dem Contractionszustande. Sie nehmen gegen das Hinterende nicht im Verhältnisse an Länge ab und sind dort der Kürze der Segmente wegen gehäuft. Die ventralen Borstenwülste schmal. Der des ersten Segmentes noch 10''', in der Mitte ein wenig eingekerbt und hier die Hakenborstenreihe unterbrochen; die folgenden nur 3''', während ein seitliches Flösschen ohne die Fortsätze nahezu dieselbe Breite besitzt. Sie sind nicht sehr fleischig, von vorne nach hinten zusammengedrückt, ziemlich vorragend. Zwar zeigt jedes Läppchen an einer mittleren Einkerbung und einer herablaufenden Furche, dass es aus einer linken und rechten Hälfte besteht, allein die Hakenborstenreihen sind einander doch viel mehr genähert und die Trennung weniger auffallend als bei *Ch. variopedatus* Ren. Die Hakenborsten (Fig. 5 *A c*) gehören jener zweiten Form an, welche in dem ventralen Borstenwulste des dritten Mittelleibssegmentes auftritt. An den hintersten Segmenten nehmen sie an Grösse ab.

Die seitlichen Borstenwülste könnten besser als Flösschen bezeichnet werden. Sie sind in der Mitte etwas vertieft; jedoch nur der vordere Rand trägt Hakenborsten. Der obere Rand ist in einen gleichfalls gefurchten, an den vorderen Segmenten bis 2''' langen, freien Fortsatz ausgezogen, und ebenso ragt der untere Rand über die Ansatzstelle vor. Der nach oben gerichtete Vorsprung des Flösschens, auf welchen sich übrigens die Hakenborsten nicht fortsetzen, wurde von R. Leuckart bei *Ch. variopedatus* Ren. als Rudiment eines Cirrus gedeutet. Die Hakenborsten der seitlichen Flösschen (Fig. 5 *A b*) sind von der Art jener, welche an dem Flösschen des vorletzten Vorderleibssegmentes vorkommen.

Fasse ich zum Schlusse die Vertheilung der zwei Formen der Hakenborsten zusammen, so ergibt sich Folgendes: Form I (5 *A a, b*), grösser mit sechs (selten sieben) freien Kammzähnen, in den beiden letzten

---

[1] M. Sars sah diese aus nur wenigen Hakenborsten zusammengesetzten Andeutungen der seitlichen Flösschen des Hinterleibes zuerst bei *Ch. norvegicus* und *Ch. Sarsii* Boeck. (Forh. Vidensk. Selsk. Christiania aar 1860, S. 87.) R. Leuckart suchte diesbezüglich bei *Ch. variopedatus* Ren. nach, fand sie aber nur am dritten und vierten Segmente (Bericht über die Leistungen d. Naturg. d. niederen Thiere während des Jahres 1860. Arch. f. Naturg. 27. Jahrg. II. Bd. 1862, p. 232.) Ich habe desgleichen nachgesehen und sie auch bei *Ch. variopedatus* am zweiten, dritten, vierten Segmente gefunden. Ebenso kann ich hinsichtlich ihrer Form dasselbe Verhältniss constatiren, wie bei der oben beschriebenen Art.

Segmenten des Vorderleibes, den zwei ersten Segmenten des Mittelleibes und sämmtlichen seitlichen Flösschen des Hinterleibes. Form II (5 *A e*) kleiner, mit acht (selten neun oder zehn) freien Kammzähnen, an der Basis der dorsalen Anhänge des zweiten, dritten, vierten Mittelleibsegmentes, in denBorstenwülsten der zwei letzten Segmente des Mittelleibes und sämmtlichen ventralen des Hinterleibes.[1]

Die Röhren waren 0·6—0·7 Meter lang, an 20ᵐᵐ breit, papierartig, dünnwandig, isabellenfarbig, mit feinem Sande theilweise bedeckt. Sehr merkwürdig ist der Abschluss der Röhre an den beiden Enden (Fig. 5 *B*). Dort wird sie in einer Ausdehnung von etwa 60ᵐᵐ verdickt, die Oberfläche quergerunzelt, sie verengt sich nach und nach auf 8ᵐᵐ und geht in mehrere, zum Theile mit einander coalescirende an der Basis breitere, an der Mündung nur 2—3ᵐᵐ messende, papierdünne und papierweisse Röhrchen aus, so dass statt einer einzigen grösseren Öffnung an jedem Ende der Röhre mehrere kleine die Verbindung mit der Aussenwelt herstellen. Diese Bildung ist keine zufällige. Ich sah sie an allen (6–8) Röhren und auch von anderer Seite finden wir hierüber berichtet.[2]

Der vorliegenden Beschreibung dienten ein ganz vollständiges und ein des Hinterleibes zum Theil beraubtes Exemplar, welche beide wohl noch lebend aus der Röhre genommen waren. Die in den unaufgeschnittenen Röhren vorhandenen meist zerstückelten Exemplare befanden sich in einem bis auf die Untersuchung der Borsten unbrauchbaren Zustande.

Gesammelt von Dr. A. v. Roretz, wahrscheinlich bei Yokohama.

Fam. CIRRATULEA Carus V.
Cirratulus dasylophius n. sp.
Taf. VI, Fig. 6.

Körper aus circa 280 Segmenten zusammengesetzt, 70ᵐᵐ lang, in der Mitte etwa 4ᵐᵐ breit, vorne zugespitzt, nach hinten sich langsam immer mehr verjüngend; schon in einer Entfernung von 12ᵐᵐ vor dem Leibesende beträgt die Breite nur wenig über 2ᵐᵐ. Über die Farbe ist nichts zu bemerken. Sie ist dermalen blass grauröthlich; mit Hilfe der Lupe sieht man an den Seiten der vorderen Segmente wie auch bei anderen Arten vom dorsalen zum ventralen Borstenbündel eine Reihe feiner, brauner Punkte ziehen. Im Leben war das Thier nach einer Bemerkung Dr. Koerbl's zinnoberroth.

Der stumpf-dreieckige Kopflappen ist nahezu so lang als breit, augenlos, auf der Unterfläche der Länge nach gefurcht.

Das Buccalsegment, sowie die beiden folgenden Segmente tragen weder Borsten noch andere Anhänge. Das erstere ist von oben gesehen kurz, etwa halb so lang als das folgende. Dieses ist länger als das dritte; sein Vorderrand springt etwas vor. Sowohl der Rücken des zweiten als dritten Segmentes ist mehrfach gefurcht.

Die ersten borstentragenden Segmente sind etwas länger als die folgenden. Da das Thier vielfach gewunden und sehr ungleichmässig contrahirt war, so lässt sich über das ohnehin nicht sehr werthvolle Verhältniss der Länge der Segmente zu deren Breite nur wenig einigermassen Brauchbares sagen. Ich fand am 25. borstentragende Segmente die Breite zur Länge wie 10:1, in einer Entfernung von 10ᵐᵐ von dem Leibesende wie 14:1.

Das erste borstentragende Segment führt keinen Kiemenfaden, entsprechend dem zweiten bemerkt man einen stärkeren auf dem Rücken des Segmentes stehenden und einen mehr seitlichen schwächeren Faden; an den Seiten des dritten und vierten Segmentes stehen je ein Faden, auf der diesen beiden Segmenten entsprechenden Rückenfläche sehe ich jederseits an 24 ovale, in der Mitte vertiefte, am Rande erhabene Stellen,

---

[1] Dasselbe Verhalten auch bei *Ch. variopedatus* Ren. Form I 0·111ᵐᵐ lang und 0·048ᵐᵐ breit mit sieben, selten acht freien Kammzähnen; 0·081ᵐᵐ lang und 0·045ᵐᵐ breit in den seitlichen Flösschen des Hinterleibes. Form II 0·051ᵐᵐ lang und 0·021ᵐᵐ breit mit elf, selten zwölf Zähnen.

[2] v. Willemoes-Suhm, Von der Challenger-Expedition, VII. Zeitschrift für wiss. Zoologie, 27. Bd. 1876, p. CI.

welche ich als Narben abgefallener Tentakelfäden betrachte. Es müssen an sechs Reihen hinter einander stehender Tentakel vorhanden gewesen sein. Auch die noch vorhandenen vier Fäden muss ich ihrer Structur nach als Tentakelfäden ansehen.

Der Körper ist reich mit Kiemen versehen. Sie finden sich jedoch nicht an allen Segmenten und immer nur eine jederseits. Die Kiemen treten nicht wie bei anderen Arten besonders gehäuft an dem Vordertheile des Körpers, sondern ziemlich gleichmässig vertheilt und auch gegen das Leibesende zu noch zahlreich auf. Die letzte Kieme fand ich am 249. Segmente, in einer Entfernung von 5″″ vor dem After. Die Faden sind lang, verschieden stark, manchmal gegen das Ende zu verdickt.

In beiden Zeilen der Borstenbündel kommen zwei Arten von Borsten vor, lange hellere, an der Schneide gesägte, verbreiterte Haarborsten und kurze gelbe bis gelbbraune aciculaartige Borsten. Die letzteren fehlen aber den ersten Borstenbündeln. In der ventralen Reihe sah ich sie zuerst im 29., in der dorsalen im 43. auftreten.[1] Sie finden sich gewöhnlich zu drei, nach hinten zu zwei. Die der ventralen Bündel (Fig. 6.1 a) sind stärker als jene der dorsalen (Fig. 6.1 b), dunkler gefärbt. Namentlich an ihnen bemerkt man vor der Spitze einen dunkleren Streif im Centrum und eine gleichmässige tiefere Färbung der hinteren Partie. Bei stärkerer Vergrösserung erscheinen diese Stellen längsgestreift, indem die die Borste aufbauenden Chitinmassen nicht überall dicht aufeinander liegen.

Unter den von Kinberg (*Annulata uova*, S. 253) aufgestellten Gattungen der Familien der Cirratuliden würde die Gattung *Timarete* am meisten geeignet sein, vorliegende Art aufzunehmen, da sie durch den Besitz zahlreicher, in mehreren Reihen hintereinander stehender Tentakel ausgezeichnet ist; allein die Angabe, dass diese vom vierten bis siebenten Segmente entspringen, ist zu unbestimmt, da man nicht einmal darüber Klarheit gewinnen kann, ob die drei ersten borstenlosen Segmente (*Segmenta buccalia* Kbg.) mitgezählt sind oder nicht. Im ersten Falle wären die tentakeltragenden Segmente, das erste, zweite, dritte und vierte borstentragende Segment, während ich bei unserer Art die Tentakel erst dem dritten und vierten aufsitzen sah.

Gefunden an der Ostküste der Insel Eno-sima (Dr. Koerbl).

Cirratulus comosus n. sp.

Taf. VI. Fig. 7.

Körper aus 320 Segmenten zusammengesetzt, deutlich gekantet, 52″″ lang (der mittlere Abschnitt unnatürlich ausgedehnt) in der Mitte 5′″ breit, nach hinten zwar verschmälert, aber erst kurz vor dem Ende sich plötzlich zuspitzend. Die Farbe der Alkoholexemplare dunkel grauröthlich; auch hier an dem vorderen Segmente die feinen dunkeln Verbindungslinien der dorsalen Borstenbündel mit den ventralen.

Der Kopflappen breit abgerundet, kurz, breiter als lang, augenlos, auf der Unterfläche ausgehöhlt.

Das Buccalsegment sowie die beiden folgenden Segmente ohne Borsten oder Kiemenfäden. Das erstere ist von oben gesehen etwas kürzer als das folgende Segment, dieses wieder etwas länger als das dritte. Die drei ersten Segmente zusammengenommen sind zwei und einhalbmal länger als der Kopflappen und auf ihrer Rückenfläche mehrfach gefurcht.

Die ersten zehn Segmente sind länger als die folgenden; hinter dem siebenten borsten- und tentakeltragenden Segmente findet eine plötzliche Verkürzung um die Hälfte statt. Es ergibt sich schon aus der grossen Zahl der Segmente im Verhältnisse zur Länge des Thieres, dass die Segmente sehr kurz sind. Es ist ferner, wie schon oben bemerkt, in Betracht zu ziehen, dass der mittlere Körperantheil in einer auffallenden Weise ausgedehnt war. Die Körperwand des Vorder- und Hinterendes beiderseits in Längen von 14 und 12″″ war derb, opak, dort aber dünn, durchsichtig. Offenbar verschuldete dies eine schlechte Conservirung des Objectes.

---

[1] Nach meinen Erfahrungen an anderen *Cirratulus*-Arten schwankt die Stelle, wo die aciculaartigen Borsten zum ersten Male erscheinen, mit dem Alter. Eine diesbezügliche Angabe hat demnach nur hinsichtlich gleich grosser oder gleich alter Individuen Werth. Constant fand ich jedoch das verspätete Auftreten dieser Borsten in den dorsalen Bündeln im Vergleiche mit den ventralen.

Die wirkliche Länge würde also noch geringer ausfallen, wenn das Thier durchaus gleichmässig contrahirt wäre. Am kürzesten sind die Segmente unmittelbar hinter den Tentakeln; hier kommen am Rücken gemessen an 16 auf die Länge e i n e s Millimeters; 14ᵐᵐ hinter dem Vorderrande des Kopflappens sieben, 10ᵐᵐ vor dem Hinterleibsende, wo die Breite nicht ganz 3ᵐᵐ beträgt, sechs.

Die sechs ersten borstentragenden Segmente sind mit je einem Kiemenfaden jederseits versehen. Dem Rücken des siebenten sitzen links und rechts, in der Mittellinie sich fast berührend, dichte Gruppen von über 20 T e n t a k e l auf. Entfernt man dieselben, so sieht man lateral die Narben drei oder vier Reihen hinter einander bilden — gegen die Mitte des Leibes sind die Tentakel eben spärlicher. Das tentakeltragende Segment hat sich nach hinten etwas in die zunächst liegenden Segmente hineingedrängt.

Die folgenden vierzig Segmente etwa tragen reichlichst K i e m e n f ä d e n, indem fast jedes mit einem solchen jederseits versehen ist. Nach dem 50. borstentragenden Segmente beiläufig wird ihre Reihe aber immer weniger dicht, bald verschwinden sie fast ganz, tauchen nur vereinzelt auf, fehlen aber auch am Hinterleibsende nie völlig. Indem die Tentakel und die Kiemenfäden der ersten 50 Segmente auch meist nahezu doppelt so breit sind als die folgenden, entsteht schon in geringer Entfernung vom Kopflappen eine dichte Masse in einander geschlungener breiter Fäden, die den Rücken freilich nur auf die kurze Strecke von 5ᵐᵐ bedeckt und sich dann jederseits in eine immer schütterer werdende Reihe feinerer Fäden auflöst. Endlich verschwindet auch diese. Die Anhäufung zahlreicher und breiter Fäden nahe dem Vorderrande gibt der Art zum Unterschiede mit anderen, wo eine mehr gleichmässige Vertheilung stattfindet, ein auffallendes Gepräge.

In beiden Zeilen der Borstenbündel an der Schneide fein gesägte Haarborsten und aciculaartige Borsten (Fig. 7 *a b*). Letztere treten ventral im 42. Borstenbündel, dorsal erst im 85. auf; sie finden sich gewöhnlich, und bis weit nach hinten, zu vier, selten zu fünf. Die ventralen (*a*) aciculaartigen Borsten sind dunkler gelb und breiter, kräftiger als die dorsalen (*b*).

Diese Art ist von der vorigen durch den derben, gedrungenen Habitus, die Kürze der Segmente, die Anhäufung der Kiemenfäden in dem vordersten Antheile des Leibes, andere Stellung der Tentakel und die schmäleren aciculaartigen Borsten leicht zu unterscheiden. Sie würde der Gattung *Audouinia* Q u a t r e f. beizuzählen sein.

Gesammelt von Dr. A. v. R o r e t z.

Acrocirrus validus n. sp.

Taf. VI, Fig. 8.

Das grösste Exemplar mass 51ᵐᵐ und zählte 115 Segmente. Der 4ᵐᵐ hohe, gewölbte Rücken war vorne 6ᵐᵐ, in der Mitte 5ᵐᵐ, vor dem Aftersegmente 2·5ᵐᵐ breit. Ein zweites war 38ᵐᵐ lang, hatte 99 Segmente

---

[1] Ich muss die Charaktere der Gattung *Acrocirrus* G r u b e (50. Jahresb. d. schles. Ges. f. vaterl. Cultur, 1872. Breslau 1873, p. 65) in mehrfacher Hinsicht anders fassen als der Autor und werde hiebei auch durch die Ergebnisse einer neuerlichen Untersuchung des einzigen bisher bekannten Repräsentanten: *Acrocirrus (Heterocirrus) frontifilis* G r. aus dem Mittelmeere unterstützt. Nach G r u b e (Archiv f. Naturg. 26. Jahrg. 1860, p. 89, Taf. IV, Fig. 1 u. l. c.) sollten bei *A. frontifilis* die vor dem Kopfende stehenden Fühlercirren dem Buccalsegmente, in welches der Kopflappen eingedrückt sei, aufsitzen, ferner drei Paar Kiemenfäden und leicht gebogene einfache Borsten im unteren Borstenhöcker vorhanden sein. M a r i o n und B o b r e t z k y haben 1875 (Annél. du Golfe de Marseille, p. 64 d. Sep., Pl. VIII, Fig. 18; Pl. IX, Fig. 18 *A*) dieselbe Art nochmals genau untersucht und abgebildet, ohne jedoch den Namen *Acrocirrus* zu gebrauchen. Über die Stellung der „Fühlercirren" am Kopfe, welche sie Tentakel nennen, machen sie keine Bemerkung; sie fanden aber jederseits vier Kiemenfäden und zusammengesetzte Borsten im unteren Höcker. Die zwei ersten Kiemenpaare nennen sie Fühlercirren, bemerken jedoch, dass sie ihrem Baue nach wahre Kiemen seien und sagen, sie sitzen einem einzigen und zwar dem ersten Segmente auf. Die viel grössere japanische Form stimmt im Wesen völlig mit der Mittelmeer-Form überein, und ich kann somit die Diagnose der Gattung *Acrocirrus* folgendermassen richtigstellen: Kopflappen mit zwei Tentakel (Greiffühlercirren G r u b e's). Das Buccalsegment, von oben sichtbar, mit zwei Fühlercirren (Kiemen) jederseits; zwischen beiden ein kurzer papillenartiger Fortsatz. Das zweite und dritte Segment mit je einem Cirrus (Kieme) jederseits. Die Borsten der ventralen Höcker zusammengesetzt. — Der Hauptunterschied von G r u b e's Auffassung liegt darin, dass ich den Ursprung der „Greiffühlercirren" nicht auf das Buccalsegment, sondern den Kopflappen verlege.

und war an den correspondirenden Stellen 3·5ᵐᵐ, 3·5ᵐᵐ und 1·5ᵐᵐ breit. Andere Individuen waren 37ᵐᵐ lang, hatten 90—95 Segmente und nahmen bezüglich der Breite die Mitte zwischen dem ersten und zweiten Exemplare ein.

Die Färbung ist gegenwärtig schmutzig dunkel-ockerbraun mit einem Stich ins Olivengrüne, vorne und dorsal dunkler als hinten und ventral. Dr. Koerbl notirte über die Farbe der lebenden Thiere: schwärzlichgrünlichbraun.

Die Anhänge des Kopfes und der ersten Segmente waren sämmtlich abgefallen.

Die von oben sichtbare Fläche des Kopflappens ist von rhomboider Gestalt mit einer nach vorne gerichteten Ecke, die beiden Hinterkanten in das Buccalsegment eingesenkt. Die Spitze des Kopflappens setzt sich als niederer Kamm zwischen den Kopftentakeln nach unten fort und endet oberhalb des Mundes in einer kurzen Hervorragung. Der Vorderrand des Buccalsegmentes umgibt, einen nach vorne offenen Winkel bildend, wallartig die beiden Hinterseiten des Kopflappens. Dessen seitliche Ecken werden jederseits von einem Augenpaare eingenommen. Das äussere Auge ist grösser als das innere; beide liegen, wohl in Folge starker Contraction, nahezu in einer Horizontalen. Verbindet man die beiden Augenpaare durch eine gerade Linie, und es existirt auch in Wirklichkeit eine zarte Hauterhebung in dieser Richtung, so zerfällt die Fläche des Kopflappens in ein vorderes und hinteres Feld. In diesem bemerkt man drei hellgefärbte Erhebungen, eine genau die Mittellinie einnehmende, fast bis zum Hinterrande reichen·ie, schwach bisquitförmige und jederseits eine seitliche, welche vom Rande des Buccalsegmentes gegen die Mitte des centralen Kammes hinzieht, um dort abgerundet zu enden, ohne mit demselben in Verbindung zu treten. Punktaugen nahe den Vorderrändern des Kopflappens wie bei *A. frontifilis* Gr. konnte ich nicht auffinden.

Der Kopflappen ist hoch und trägt an seiner vorderen Fläche unmittelbar unter den zwei Vorderkanten jederseits einen starken Tentakel. Dieselben waren zwar abgefallen, allein man erkennt die grossen, ovalen Anheftungsstellen, und Messungen an den im Gefässe noch vorhanden gewesenen ergaben, dass sie eine Länge bis zu nahezu 8ᵐᵐ bei einer Breite an der Basis von 1·5ᵐᵐ erreichen und die Kiemen in allen Dimensionen übertreffen. Sie sind durch eine ventrale Längsrinne ausgezeichnet.

Die Haut des Körpers ist, wenn stark contrahirt, gefaltet und die Segmente erscheinen daher oft mehrfach gerunzelt. Die einzelnen Ringe sind wieder der Quere nach gerunzelt (ich zählte bis vier solcher Ringe), so dass die gesammte Oberfläche ein gefeldertes Ansehen bekommt. An Stellen, die ihren normalen Tonus behielten, oder auch etwas aufgebläht sind, tritt diese Erscheinung weniger deutlich auf oder verschwindet gänzlich. Schon bei Lupenbetrachtung fällt die granulirte Beschaffenheit der Haut auf. Unter dem Mikroskope lösen sich die Granula in feine, helle, abgerundete Papillen auf.

Das Buccalsegment wird bis auf die ventrale Fläche und ein kleines dreieckiges Feld in der Mitte des Rückens ganz von den Ansatzstellen der zwei Fühlercirren jederseits eingenommen, von welchen der dorsale eben hoch auf den Rücken hinaufsteigt. Dicht unter ihm, aber etwas nach vorne, liegt der ventrale, beiläufig in einer Ebene mit den Kopftentakeln. Zwischen beiden Fühlercirren ein kurzer, papillenartiger Fortsatz, in welchem jedoch keine Borsten eingeschlossen sind. Der frei gebliebene mittlere Antheil des Buccalsegmentes ist der Quere und Länge nach gefaltet und erreicht an Länge die beiden folgenden Segmente zusammengenommen. Von hier erstreckt sich der Vorderrand schief nach vorne und unten, so dass das Buccalsegment an der Bauchfläche beträchtlich länger wird als auf der Rückenfläche. Nach den Narben zu urtheilen, ist der dorsale Fühlercirrus dicker als der ventrale.

Das zweite und dritte Segment tragen jederseits je einen Cirrus oder Kiemenfaden und einen ventralen Borstenhöcker mit den weiter unten zu schildernden zusammengesetzten Borsten. Der Cirrus des zweiten Segmentes ist weiter nach aussen und unten gerückt als der dorsale Fühlercirrus, der des dritten Segmentes wieder weiter nach aussen und unten als der des zweiten. Ich finde an diesen beiden Segmenten trotz wiederholtem Suchen keine dorsalen Borstenbündel von Capillarborsten.

Grabe hebt bei der Beschreibung des *A. frontifilis* gleichfalls deren Fehler an dieser Stelle hervor, Marion und Bobretzky erwähnen aber deren Vorkommen und geben sie in ihren Abbildungen wieder; ich selbst vermisse sie wie Grube auch an dem einzigen Bruchstücke von *A. frontifilis* Gr., das mir zur Verfügung stand.

Vom vierten Segmente angefangen, treten dorsale Bündel von Capillarborsten auf und gehen vereint mit den ventralen Bündeln zusammengesetzter Borsten bis zum Leibesende.

Grube nennt die Anordnung der Borsten eine zweizeilige, Marion und Bobretzky nehmen einen oberen und unteren Ruderast an. Ich behalte die Grube'sche Bezeichnung bei.

Die Capillarborsten treten einfach aus einer Längsspalte aus, welche bis auf die auch hier vorkommenden feinen Papillchen in keiner Weise ausgezeichnet ist. Es kommen bis zu 12 in einem Bündel vor. Sie werden bei 0·028″′ breit. Bei Anwendung starker Vergrösserungen (630/1) zeigen zumal junge Borsten Längsstreifung, sowie eine sehr zarte Querstreifung und die beiden Seiten gesägt. Man muss sich dieselben mit sehr dicht auf einander folgenden Ringen äusserst feiner Spitzchen besetzt denken.

Die zusammengesetzten Borsten (Fig. 8 a) der unteren Zeile treten aus einem gut entwickelten Borstenhöcker aus, welcher durch eine stark vorspringende an der Unterseite ausgehöhlte dorsale und eine unbedeutendere ventrale knopfförmige Partie ausgezeichnet ist. An das ventrale Ende des Höckers schliessen sich auf der Bauchfläche des Segmentes noch einige grössere Papillen an.

Die zusammengesetzten Borsten bestehen aus einem geschwungenen, nach vorne verbreiterten Schafte und einem stark gekrümmten, hakenförmigen Endtheile, der durch eine sehr zarte durchsichtige Chitinlamelle mit dem Schafte verbunden ist. Schaft und Endstück sind schief auf ihre Längsrichtung gestreift. An die concave Seite des Hakens legt sich parallel in geringer Entfernung von dem Ende ein Chitinstück, so dass die Spitze doppelschneidig wird. Jeder derartigen Borste — es finden sich in der Regel vier in einem Borstenhöcker — entspricht eine derbe, spitze Acicula (Fig. 8 b), welche jedoch nicht aus dem Borstenhöcker heraustritt. Die der vorderen Segmente sind kräftiger als die der hinteren. Die Farbe dieser Borsten und Acieulen ist gelb. Die weite Afteröffnung am Ende des nicht spitz zulaufenden, sondern breit abgestumpften Körpers.

Gefunden an der Ostküste der Insel Eno-sima (Dr. Koerbl).

Fam. AMPHICTENEA (Sav., Mgrn.)

Pectinaria aegyptia.

Taf. VI, Fig. 9.

Amphictene aegyptia Savigny, Descript. de l'Egypt. Annél. p. 90, Pl. I, Fig. 4.

Die mir vorliegende japanische *Amphictene* ist eine echte *Pectinaria* im Sinne Malmgren's (Nordiska Hafs-Annulater, pag. 193). Ich habe sie mit obigem Namen bezeichnet, weil sie bis auf die Gestalt der vorderen Paleen eine grosse Übereinstimmung mit der von Savigny gegebenen Abbildung zeigt. Allerdings kann der Vergleich mit der im rothen Meere lebenden Form kein vollkommener genannt werden, theils weil ich keine Exemplare von dort zur Verfügung hatte, auch keine neueren Nachrichten über die *Amphictene aegyptia* Sav. vorhanden sind, so dass wir eigentlich deren Stellung zu den anderen bisher bekannten Formen nicht genau zu bestimmen im Stande sind, theils weil das einzige Individuum aus Japan sich in einem sehr schlechten Zustande befand.

Es ist von dem vorderen Rande der Nackenplatte bis zum Ende der Scapha 65″″ lang. Die grösste Breite der Nackenplatte betrug 15″″, die Entfernung der äussersten Palee von der Mitte ihres hinteren Randes 11″″. Es sind jederseits 15 grosse goldgelbe Paleen vorhanden. Dort wo, wie bei der *A. aegyptia*, sich die Reihe an dem Rücken zu krümmen beginnt, steht die stärkste und gegenwärtig längste; von den am weitesten nach hinten liegenden kurzen sind nur die Spuren vorhanden. Es mögen drei bis vier gewesen sein. Die Knickung der Reihe ist keine so scharfe wie bei *A. aegyptia*. Die Länge der äussersten Palee war etwas über 3″″, die der innersten, an der Spitze nicht ganz erhaltenen, 6″″. Die Paleen sind aber nicht nur länger als bei der *Amphictene* Savigny's, sondern auch viel zarter und mehr nach innen gekrümmt. Der Stirnlappen, welcher bei der egyptischen Art breit ist und die Paleen überragt, war verhältnissmässig schmäler und erreichte mit seinem vorderen Ende die Spitzen der Paleen nicht. Die hinteren Paleen, zwölf an jeder Seite, sind an der Spitze stark gekrümmt (Fig. 9 A). Ausser der abgebildeten Form finden sich auch einige, wo der Haken flacher ausläuft, andere endlich, und dies sind verstümmelte, wo die nur wenig gebogene Spitze stumpf abgerundet endet. Die Spitzen dieser Paleen sind manchmal dunkelbräunlich gefärbt. Die Hakenborsten (Fig. 9), welche gleich den hinteren Paleen von *A. aegyptia* Sav. nicht bekannt sind, messen an dem mit Zähnen besetzten Aussenrande 0·0448‴. In der Seitenlage bemerkt man gewöhnlich acht Kammzähne, von welchen die vordersten sehr klein sind. Ebenso ist der letzte unscheinbar und liegt dicht vor dem kurzen undeutlich zerschlitzten oder sehr fein gezähnten Rande, der dem Hinterrande der Hakenborste (Meisselzahn) vorhergeht. Die Kammzähne liegen, wie die Obensicht lehrt, in alternirenden Doppelreihen; nur an der Spitze schieben sich die Zähne etwas über einander, so dass es den Anschein hat, als stünden drei in einem Bogen neben einander. Hinter den grossen Kammzähnen ist, noch undeutlicher als bei *Lagis Koreni* Mgrn., die Doppelreihe feiner Zähnchen zu erkennen, welche dem im Profile zerschlitzten Rande entsprechen.

Gesammelt von Dr. A. von Roretz.

ERKLÄRUNG DER ABBILDUNGEN.

TAFEL I.

Fig. 1. *Euphrosyne superba* n. sp. Vordertheil von der Unterseite. Die Flächen der Segmente sind nur bis zur Austrittsstelle der Borsten gezeichnet, 3/1. Man sieht in der Mitte des Vorderrandes den nach abwärts sich erstreckenden Carunkel-Fortsatz mit zwei dreieckigen Augenpunkten und zwei Fühlerchen nach auswärts von diesen. Dahinter die zwei fleischigen vor dem Munde liegenden Platten.

„ 1 *A.* „ „ „ *a, b* Borsten, 90/1.

„ 2. *Aphrodite japonica* n. sp. Kopflappen von oben, 6/1.

„ 2 *A.* „ „ „ Kopflappen und erste Segmente von der Bauchfläche, 6/1.

„ 2 *B.* „ „ „ Borste aus der mittleren Reihe des Bauchköchers, dem kleinen Exemplare entnommen, 36/1.

„ 3. *Polynoë (Lepidonotus) gymnonotus* n. sp. Achte rechte Elytre des kleinen Exemplares, 4/1.

„ 3 *A.* „ „ „ „ *a* Ende einer feinen Borste des oberen Astes; *b* zweite Form der Borsten des oberen Astes; *c* Borste des unteren Astes, 90/1.

„ 4. *Polynoë (Lepidonotus) plaiolepis* n. sp. Kopflappen und erstes Segment, 12/1.

„ 4 *A.* „ „ „ „ Dritte rechte Elytre, 10/1.

„ 4 *B.* „ „ „ „ *a, b, c, d* die drei Formen der Papillen auf den Elytren, 90/1. *d* stellt die Form *b* von oben gesehen dar, bei 330/1 Vergr.

„ 4 *C.* „ „ „ „ Ruder von hinten, 12/1.

„ 4 *D.* „ „ „ „ Borsten, *a* des oberen, *b* des unteren Astes.

„ 5. *Polynoë (? Laenilla, lamellifera* n. sp. Kopflappen und erstes Segment, 12, 1.

„ 5 *A.* „ „ „ „ Elytre, 8/1.

„ 5 *B.* „ „ „ „ Einundzwanzigstes rechtes Ruder von hinten, 12/1.

„ 5 *C.* „ „ „ „ Borsten, *a* des oberen Astes, *b, c, d, e, f* des unteren Astes in ihrer Aufeinanderfolge im Bündel von oben nach unten; *c* ist eine Ansicht der Form *b* in Rückenlage, 90/1.

TAFEL II.

Fig. 1. *Polynoë (Harmothoë) imbricata* L. Kopflappen und erstes Segment, 12/1.

„ 1 *A.* „ „ „ Dreizehntes linkes Ruder, 15/1.

„ 1 *B.* „ „ „ Elytre, 8/1.

„ 1 *C.* „ „ „ Eine der mittleren Borsten des unteren Astes, 160/1.

„ 2. *Nereis mictodonta* n. sp. Vordertheil, 7/1.

„ 2 *A.* „ „ Rüssel ventral, 7/1.

„ 2 *B.* „ „ Paragnathen-Gruppe, V und VI rechts, 20/1.

„ 2 *C*². „ „ Zweites Ruder, 20/1.

„ 2 *C*⁴⁰. „ „ Vierzigstes Ruder, 20/1.

„ 2 *C*⁸⁰. „ „ Achtzigstes Ruder, 20/1.

„ 2 *C*⁹³. „ „ Zweitletztes Ruder, 20/1.

„ 2 *D.* „ „ Aussenrand des unteren Astes des zweiten Ruders von hinten, 160/1; *vl* Vorderlippe, *ml* Mittellappen, *hl* Hinterlippe.

„ 2 *E.* „ „ Aussenrand des unteren Astes des vierzigsten Ruders, 160/1; Bezeichnung wie oben.

„ 2 *F.* „ „ Borsten des unteren Astes (vierzigstes Ruder), 300/1; *a* Grätenborste im Halbprofil, *b* Sichelborste.

„ 3¹³. *Nereis (Alitta) oxypoda* n. sp. Dreizehntes Ruder von hinten, 9/1.

„ 3⁵⁶. „ „ „ Sechsundfünfzigstes Ruder von vorne, 9/1.

„ 3¹⁶⁹. „ „ „ Hundertundneunundsechzigstes Ruder von vorne, 9/1

„ 3 *A.* „ „ „ Grätenborste, 250/1.

Fig. 4. *Nereis (Leontis) Dumerilii* Aud. et. M. Edw. Gleichzinkige (homogomphe) Sichelborsten eines jüngeren japanischen Individuums, 630/1.

„ 4 *a*.   „   „   „   Eben solche Borsten eines Exemplares aus dem Mittelmeere, 630/1.

„ 4 *b*.   „   „   „   Entsprechende Form eines älteren japanischen Individuums, wobei Verschmelzung zwischen Stab und Sichel stattgefunden, 630/1.

„ 4 *A*.   „   „   „   *a, b* Ungleichzinkige (heterogomphe) Sichelborsten, 630/1.

TAFEL III.

Fig. 1. *Notophyllum japonicum* n. sp. Zwei Segmente von oben gesehen, nach Wegnahme der Rückencirren, 20/1.

„ 1 *A*.   „   „   Ruder von vorne, 20/1. Der Rückencirrus ist nach oben und innen beschnitten.

„ 1 *B*.   „   „   Rückencirren, 20/1; *a* Aussen-, *b* Innenrand.

„ 1 *C*.   „   „   Bauchcirren, 20/1.

„ 1 *D*.   „   „   Borsten, 500, 1; *a* Seitenansicht, *b* Obenansicht.

„ 2.   *Carobia castanea* n. sp. Ruder, 36/1. Der Rückencirrus abgelöst.

„ 2 *A*.   „   „   Ein vorderer Rückencirrus, 36/1.

„ 2 *B*.   „   „   Bauchcirrus, 36/1.

„ 2 *C*.   „   „   Borsten, 500/1.

„ 3.   *Eulalia albopicta* n. sp. 20/1.

„ 3 *A*.   „   „   Fünfundneunzigstes Ruder von hinten, 56/1.

„ 3 *B*.   „   „   Ein Rückencirrus des vorletzten Segmentes, 56/1.

„ 3 *C*.   „   „   Borsten, 480/1.

„ 4.   *Hesione reticulata* n. sp. Vierzehntes Ruder von hinten, 10/1.

„ 4 *A*.   „   „   Borste, 250/1.

„ 5.   *Syllis inflata* n. sp. Ruder, 56/1.

„ 5 *A*.   „   „   Borste, 630/1; *a* aus der Mitte, *b* aus der untersten Partie des Bündels.

„ 5 *B*.   „   „   Schlundröhre, Drüsenmagen etc., 16/1.

TAFEL IV.

Fig. 1. *Onuphis holobranchiata* n. sp.   1. Erstes Ruder von vorne.   4. Viertes Ruder von vorne.   5. Fünftes Ruder von vorne. 33. Dreiunddreissigstes Ruder von vorne. 36, 1.

„ 1 *A*.   „   „   Zusammengesetzte Borste des dritten Ruders, 330/1.

„ 1 *B*.   „   „   Einfache Borste, vom Rücken gesehen, 330/1.

„ 1 *C*.   „   „   Ende eines Doppelhakens, 330/1.

„ 1 *D*.   „   „   Zangen, 24/1.

„ 1 *E*.   „   „   Zähne, Sägeplatten, Reibplatten, 24/1.

„ 1 *F*.   „   „   Unterkiefer, 24, 1.

„ 2.   *Eunice congesta* n. sp. Zweiundvierzigstes Ruder, 24/1.

„ 2 *A*.   „   „   Sichelborste, 330/1.

„ 2 *B*.   „   „   Acicula, 330/1.

„ 2 *C*.   „   „   Kieferapparat, 20/1.

„ 2 *D*.   „   „   Unterkiefer von unten, 20/1.

TAFEL V.

Fig. 1. *Eunice microprion* n. sp. Zehntes Ruder, 12/1.

„ 1 *A*.   „   „   Sichelborste, 330/1.

„ 1 *B*.   „   „   Acicula, 330/1.

„ 1 *C*.   „   „   Kieferapparat, 10/1.

„ 1 *D*.   „   „   Unterkiefer von unten, 10/1.

„ 2.   *Lysidice collaris* Ehrbg. Gr. Sichelborste, 630/1.

„ 2 *A*.   „   „   Kiefer, 18/1.

„ 2 *B*.   „   „   Linke Hälfte des Unterkiefers von oben, 18/1.

„ 3.   *Lumbriconereis japonica* n. sp. Ruder von vorne, 24/1.

„ 3 *A*.   „   „   Borsten, *a* Sichelborste des zwölften Ruders, *b* hakenförmige Borste des einundzwanzigsten Ruders, 330/1.

„ 3 *B*.   „   „   Haarborste, 330/1.

„ 3 *C*.   „   „   Kiefer, 24/1.

„ 3 *D*.   „   „   Linker Unterkiefer von oben, 24/1.

„ 4.   *Lumbriconereis heteropoda* n. sp. Ruder, 50/1.

„ 4 *A*.   „   „   Haarborste, 330/1.

TAFEL VI.

Fig. 1. *Lumbriconereis heteropoda* n. sp. Hakenförmige Borste, 330/1.
„   1 A.   „   „   „   Zangen, Zähne, Säge- und Reibplatten, 24/1.
„   1 B.   „   „   „   Linke Unterkieferhälfte von oben, 24/1.
„   2. *Glycera opisthobranchiata* n. sp. Hundertundachtzehntes Ruder von hinten, 24/1.
„   3.   „   *decipiens* n. sp. Ruder der vorderen Körperhälfte von vorne, 42/1.
„   3 A.   „   „   „   Hundertundvierzigstes Ruder von hinten, 56/1.
„   4. *Sternaspis costata* n. sp. Bauchschild, 3/1.
„   5. *Chaetopterus cautus* n. sp. *a, b, c, d* Borsten des vierten Ruders des Vorderleibes; *e, f* Borsten des achten Ruders,
                    56/1. *a* stellt eine der braunen Borsten an der Basis des vierten Ruders dar.
„   5 A.   „   „   Hakenborsten, *a* der ventralen Borstenwülste der zwei letzten Segmente des Vorderleibes,
                    b der seitlichen Flösschen des Hinterleibes, *c* der ventralen Borstenwülste der zwei letzten
                    Segmente des Mittelleibes und sämmtlicher ventralen Borstenwülste der Hinterleibes, 330/1.
„   5 B.   „   „   Ende der Röhre, 1/1.
„   6. *Cirratulus dasylophius* n. sp. Vordertheil.
„   6 A.   „   „   Borsten. *a* der unteren, *b* der oberen Zeile, 90/1.
„   7.   „   *comosus* n. sp. Borsten. *a* der unteren, *b* der oberen Zeile, 90/1.
„   8. *Acrocirrus validus* n. sp. *a* Zusammengesetzte Borste aus der Mitte des Körpers, *b* die hiezu gehörige Acicula, 90/1.
„   9. *Pectinaria argyptia* Sav. Hakenborste, 630/1.
„   9 A.   „   „   Hintere Palee, 90/1.

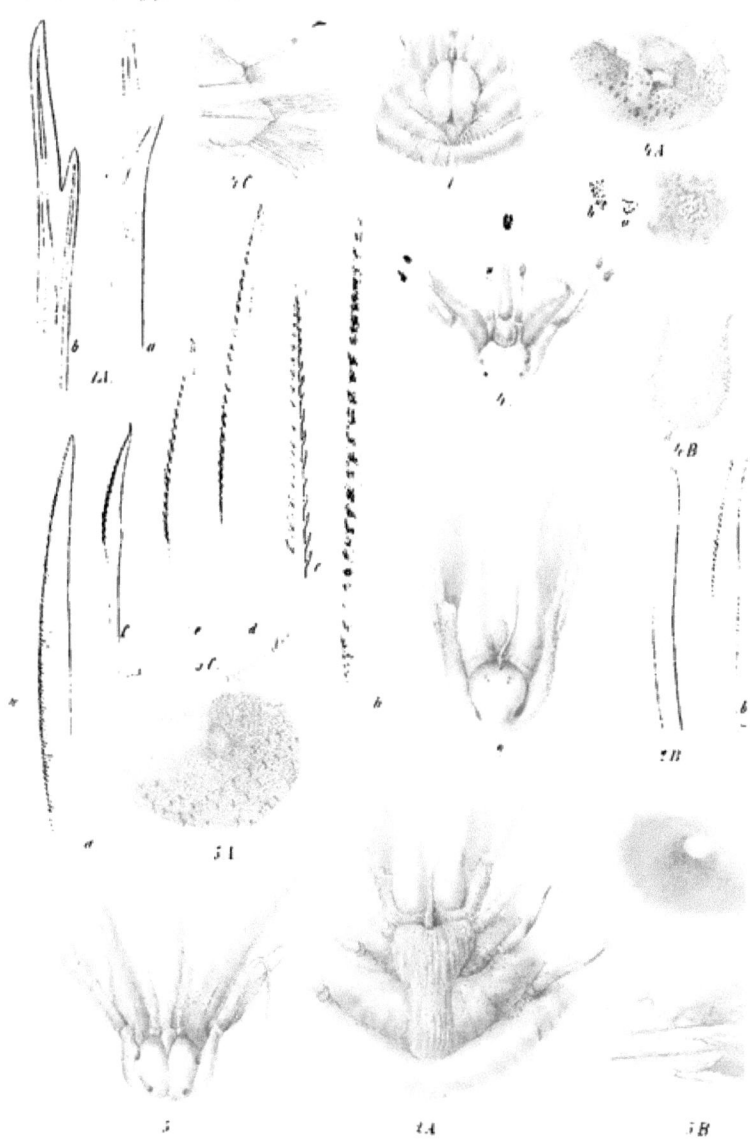

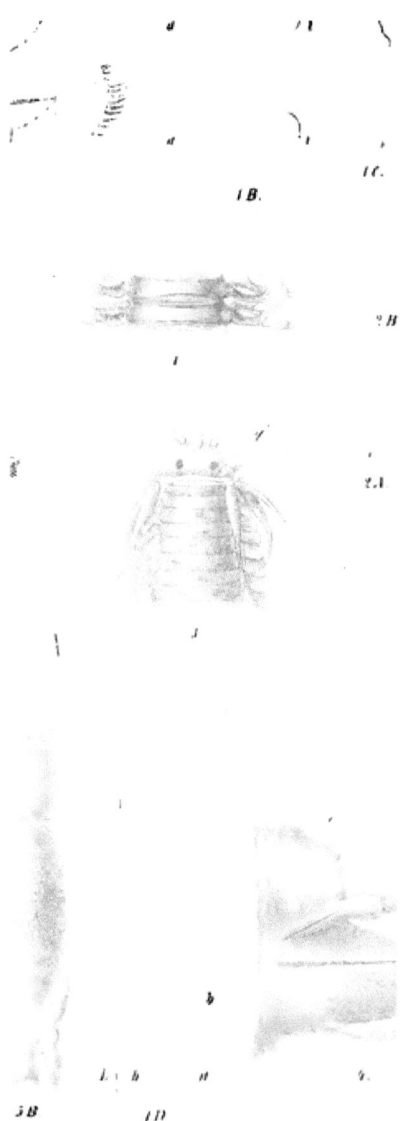

1 B.

1 C.

2 B

2 A

3 B   *1 D*

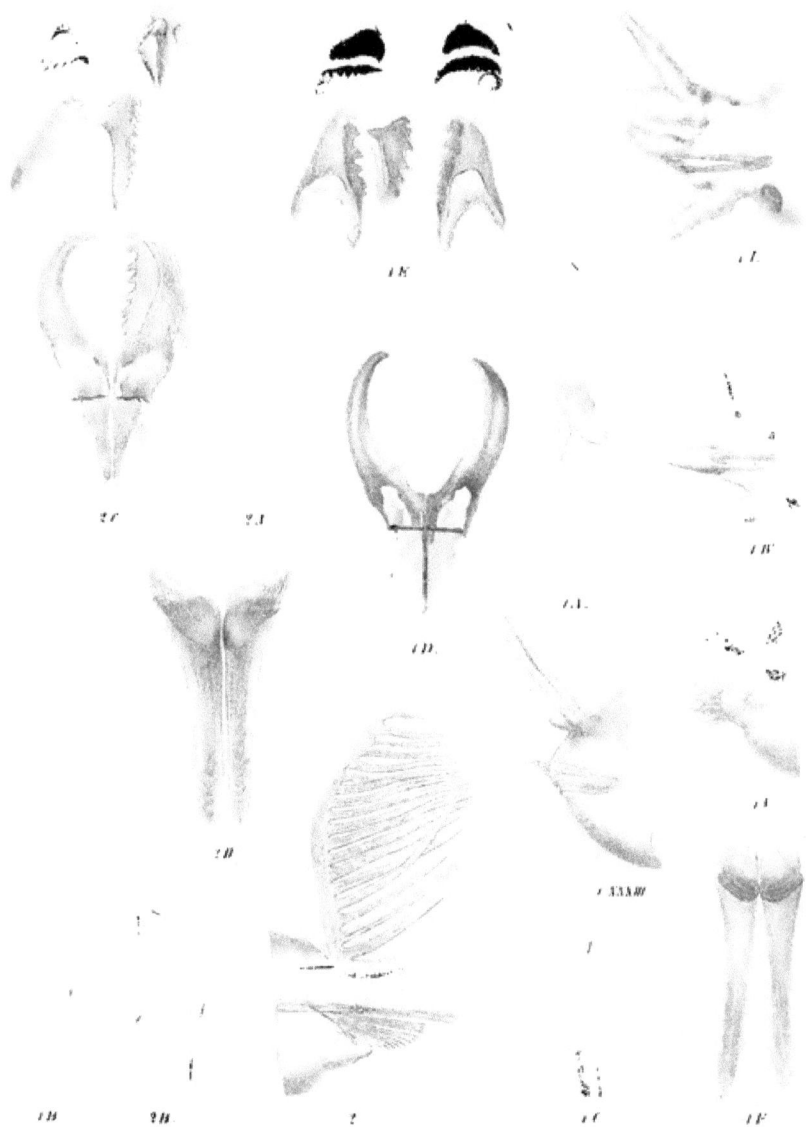

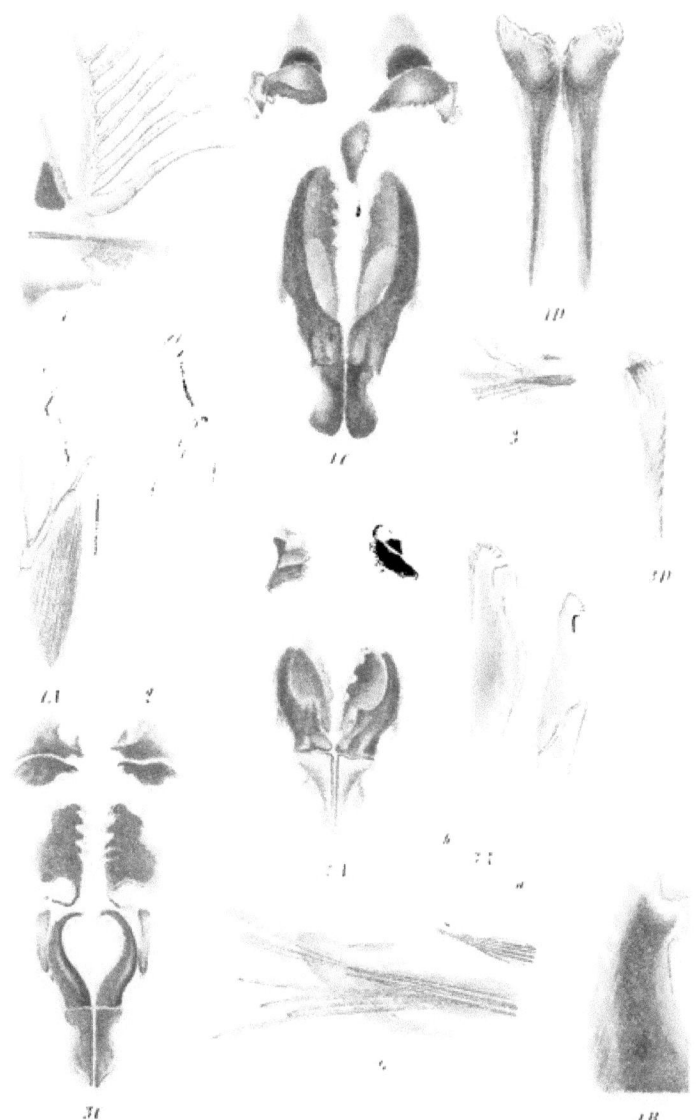